Volkmar Essers

HENRI MATISSE

1869-1954

Maître de la couleur

Benedikt Taschen

PLAT AVANT
Le Clown, 1947
Illustration du livre »Jazz«
Sérigraphie d'après gravure sur gouache

FRONTISPICE
Le Rêve, 1940
Huile sur toile, 81 x 65 cm
Collection particulière

Que soient remerciés ici les musées, collectionneurs, photographes et archives photogra-
phiques d'avoir permis les reproductions. Nous
remercions particulièrement la maison Benteli à
Berne, le Kunsthaus de Zurich et la Kunsthalle
de Düsseldorf pour leur aimable soutien. Les
citations sont tirées de l'ouvrage fondamental
de Pierre Schneider, Paris, 1984. Crédit photo-
graphique: Claude Duthuit, Paris; Hélène
Adant (p. 87); André Held, Ecublens; Ingo
F. Walther, Alling; Walther & Walther Verlag,
Alling.

© 1990 Benedikt Taschen Verlag GmbH & Co. KG
Hohenzollernring 53, D-5000 Köln 1
© 1989 Succession Henri Matisse, Paris et VG Bild-Kunst, Bonn
pour les reproductions
Rédaction et production: Ingo F. Walther
Traduction française: Catherine Jumel
ISBN 3-8228-0154-2
Printed in Germany
F

Sommaire

À la recherche de la couleur pure
1869-1905

Henri Matisse n'était pas destiné à être peintre, mais, comme lui-même le disait, «fils d'un marchand de grain (je devais) succéder à mon père». Il ne fut ni précoce, ni même enfant prodige comme Pablo Picasso mais son art est né lentement de son enthousiasme pour la couleur, la lumière et l'espace, et cela dans une harmonie incomparable.

Matisse vint au monde le 31 décembre 1869 au Cateau-Cambrésis dans le département du Nord. Ses parents, Emile et Héloïse Matisse, née Gérard, tous deux originaires du Cateau, habitaient Bohain où ils tenaient un commerce, une sorte d'épicerie qui vendait également du grain et des couleurs. Le père s'occupait du grain et sa femme des couleurs. L'autorité paternelle était telle que le fils se devait tout naturellement de succéder un jour au chef de famille; cependant sa santé délicate allait contrarier ce projet. Après des études secondaires au lycée Henri Martin de Saint-Quentin et deux années de droit à Paris, où il avait également songé à être pharmacien, le jeune Henri devint en 1889 clerc d'avoué à Saint-Quentin.

Sa vocation tout à fait inattendue pour la peinture relève du domaine de l'anecdote: en effet, afin de distraire le jeune Matisse, cloué au lit en 1890 – et pour presque toute une année – par une appendicite, sa mère lui offrit une boîte de couleurs. Mais sans doute avait-il déjà certaines prédispositions; et tout en étant clerc d'avoué, il suivait chaque matin de sept heures à huit heures, sous les combles du Palais de Fervaques, les cours de dessin de l'Ecole Quentin de La Tour destinés aux dessinateurs en textiles.

Ayant définitivement choisi de peindre, il revint en 1890 – au plus tard au début de 1891 – à Paris s'inscrire à l'Académie Julian où dans la classe du peintre William Bouguereau il prépara l'examen d'entrée à l'Ecole des Beaux-Arts. En janvier 1892, il fut proposé par Bouguereau, mais échoua aux épreuves. Peu de temps après son arrivée à Paris, Matisse fréquenta aussi l'Ecole des Arts décoratifs où il se lia d'amitié avec Albert Marquet. Et après avoir enfin réussi l'examen d'entrée, tous deux furent officiellement admis à l'Ecole des Beaux-Arts dans l'atelier du

Homme nu: le valet, 1900
Huile sur toile, 99,3 × 72,7 cm
New York, Museum of Modern Art

La Table servie, 1897
Huile sur toile, 100 × 131 cm
Collection Stavros S. Niarchos

L'Atelier sous les toits, 1903
Huile sur toile, 55,2 × 46 cm
Cambridge (Mass.), Fitzwilliam Museum

peintre symboliste Gustave Moreau, dont ils avaient pu déjà suivre l'enseignement depuis 1893.

Avec le peintre Emile Wéry, son voisin du 19, quai Saint-Michel, Matisse découvrit l'impressionnisme; ensemble, ils effectuèrent en été 1895 un voyage en Bretagne, où Matisse connut un véritable enchantement pour les couleurs de l'arc-en-ciel. Et dans *La Table servie* (pl. p. 8), l'on retrouve les nuances colorées issues de la division du prisme. Il s'agit là d'un impressionnisme empreint de modération, influencé de Camille Pissarro, et où l'on perçoit un retour à la couleur pure. L'intérêt de plus en plus grand de Matisse pour cette conception de la peinture devait irriter Moreau, le symboliste. Toutefois l'estime du maître pour l'élève demeura-t-elle la même puisque les intérieurs, les portraits, les natures mortes et les paysages restaient dominés par le système des valeurs. En 1897, lorsque fut présenté au Salon de la Société nationale *La Table servie*, Moreau allait s'en faire le défenseur contre ses détracteurs.

Luxe, calme et volupté, 1904
Huile sur toile, 98,3 × 118,5 cm
Paris, Musée national d'art moderne,
Centre Georges Pompidou

Une année plus tard, en 1898, Matisse quitta l'Ecole des Beaux-Arts et exposa pour la dernière fois au Salon de la Société nationale. Il épousa Amélie-Noémie-Alexandrine Parayre de Toulouse dont il avait eu une fille, Marguerite, en 1894. Puis, ainsi que Pissarro le lui avait conseillé, il partit avec sa femme pour Londres afin d'étudier les tableaux de Turner. Après son voyage de noces, il rentra à Paris et repartit ensuite en Corse où il passa le printemps et l'été à Ajaccio qui allait lui révéler son enthousiasme pour le Sud. Les tableaux de paysages, de natures mortes et d'intérieurs qu'il peignit alors étaient le plus souvent de petite dimension et reflétaient la lumière de la Méditerranée qui éclairait toujours un peu plus sa palette. A l'automne, Matisse se rendit avec sa femme à Toulouse, plus exactement à Fenouillet, dans les

Intérieur à Collioure, 1905
Huile sur toile, 59 × 72 cm
Suisse, collection particulière

environs proches, où ils attendirent la naissance de leur fils Jean.
Leur deuxième fils, Pierre, naquit en 1900 à Bohain chez les
parents de Matisse. Demeurant à nouveau à Paris, au 19 du quai
Saint-Michel, ils connurent alors des années difficiles: Matisse
peignait, tandis que sa femme tenait un magasin de modiste et
que les enfants étaient souvent laissés à la charge des
grands-parents.

Lorsque Matisse retourna à l'Ecole des Beaux-Arts, Fernand
Cormon, le successeur de Gustave Moreau, décédé en 1899, le
pria, sous le prétexte qu'il avait plus de trente ans, de quitter
l'atelier, comme Marquet et Charles Camoin. Mais Matisse sentait
que pour lui l'heure n'était pas encore venue de s'installer comme
peintre indépendant. Après qu'il eut de nouveau et pour peu de

Autoportrait, 1900
Pinceau et encre de Chine

André Derain, 1905
Huile sur toile, 39,5 × 29 cm
Londres, Tate Gallery

temps travaillé à l'Académie Julian, il suivit les cours de l'Académie qu'un certain Camillo avait fondée et où Eugène Carrière, ami du sculpteur Auguste Rodin, venait corriger. Il fit la connaissance d'André Derain qui le présenta à son ami Maurice de Vlaminck. A cette période, Matisse peignait des natures mortes, des vues de Paris, des nus et fit également des sculptures.

Matisse explorait non seulement les musées mais aussi les galeries d'avant-garde comme celle d'Ambroise Vollard, où il acquiert en 1899 un dessin de Van Gogh, un plâtre de Rodin – le buste *Henri de Rochefort* – une toile de Paul Gauguin – *Tête de garçon* – et un tableau de Cézanne – *Trois Baigneuses*. De 1900 à 1904, Cézanne allait exercer une influence déterminante sur son œuvre, comme en témoigne l'*Homme nu: le valet* (pl. p. 6). Matisse n'a peint de nus masculins qu'entre 1899 et 1903, brève période pendant laquelle il éprouve une attirance très forte pour la peinture de Cézanne: «je préfère en insistant sur son caractère», note-t-il à propos de sa manière de traiter le motif, «m'exposer à perdre le charme pour obtenir plus de stabilité.» Ce qui, dans des compositions comme par exemple l'*Homme nu*, rappelle Cézanne est la façon dont est campé le personnage; à une attitude calme, Matisse préférera un maintien plus nerveux et la position écartée des jambes confère une impression de stabilité. L'élégance fait place à une construction de plans colorés qui se succèdent avec contraste.

Comme ni la vente de ses tableaux ni le magasin de modiste de sa femme ne suffisaient à les faire vivre, Matisse dut accepter des travaux harassants tels que le décor du Grand Palais de Paris, à l'occasion de l'Exposition universelle de 1900, et pour lequel il peignit avec Marquet des guirlandes en hauteur et des frises. Epuisé, il retourna finalement à Bohain avec sa femme afin de se rétablir. Découragé, Matisse songea alors à abandonner la peinture. Ce sentiment de devoir lutter péniblement pour son existence se ressent d'ailleurs dans *L'Atelier sous les toits* (pl. p. 9), tout empli de pénombre tel un cachot et d'où lumière et couleur semblent refoulées. Derrière la fenêtre ouverte, l'arbre en fleurs, tableau dans le tableau, apparaît comme une promesse: «c'est la période de transition entre les valeurs et les couleurs» expliquera plus tard l'artiste à son fils Pierre.

Une fois la période de découragement surmontée, Matisse se mit en quête de collectionneurs et de possibilités d'exposer, ce qu'il fit avec ses amis au Salon d'automne fondé en 1903 et, en 1904, sa première exposition se tint chez Ambroise Vollard. Lorsqu'il présenta en 1905 au Salon des Indépendants *Luxe, calme et volupté* (pl. p. 10) peint en 1904, le tableau trouva un acquéreur en la personne de Paul Signac qu'il avait rencontré un été à Saint-Tropez. Dès 1898 ou 1899 Matisse avait lu l'essai de Paul Signac, *De Delacroix au néo-impressionnisme*, et en avait

Vue de la fenêtre à Collioure, 1905
Plume et encre de Chine
Collection particulière

retenu la technique picturale de la décomposition de la couleur, elle-même source de lumière. Les surfaces colorées sont divisées en petites unités; quant au motif, il rappelle *Les Trois Baigneuses* de Cézanne. Mais, ainsi que l'écrit Matisse, l'unité du tableau ne résidait pas dans la division de la couleur, comme c'est le cas pour la technique de la mosaïque, constituée de petits éléments juxtaposés. Le peintre pense que la division de la couleur conduit à l'éclatement de la forme, du contour et le résultat en est une surface jaillissante. Simple irritation de la rétine, elle détruit cependant l'harmonie de la surface et des lignes de contour.

Avec André Derain et de temps à autre Maurice de Vlaminck, Matisse passa l'été 1905 à Collioure, petit port de pêche méditerranéen. Ce séjour allait marquer un tournant essentiel dans son œuvre. De cette époque datent *Intérieur à Collioure* (pl. p. 11) et le portrait de son ami, le peintre Derain (pl. p. 13).

En 1905, lorsque Matisse expose au Salon d'automne en même temps que Derain, Vlaminck et Marquet, le public, outré de la violence de leurs couleurs, les baptise, selon l'expression du critique Louis Vauxcelles, du nom peu élogieux de «Fauves». L'abondance de leurs surfaces trop vives et artificielles isole une des principales composantes de la peinture, à savoir la couleur elle-même. N'admettant plus les nuances de la palette impressionniste et recherchant par contre la vigueur de l'expression picturale à travers la couleur pure, les Fauves ne se souciaient guère du rendu réaliste de la nature. Matisse, en particulier, était critiqué pour *La Femme au chapeau* (pl. p. 15), terminé peu de temps avant l'ouverture du Salon. De tous les tableaux qu'il y avait présentés, c'était le plus grand: tel le portrait somptueux d'une dame élégante de la bourgeoisie, Madame Matisse, portant riche toilette et chapeau majestueux, est représentée de trois quarts. Les formes traditionnelles éclatent en taches de couleurs criardes. Le visage, quelque peu épargné par ce processus de désagrégation, apporte cependant un contraste au feu des couleurs du chapeau et du vêtement. L'œuvre fut acquise par Michael Stein. Ce succès, qui par ailleurs tenait du scandale, préserva Matisse de la misère et fit monter sa cote sur le marché. Leo, Gertrude, Michael et Sarah Stein lui achetèrent de nombreux tableaux et incitèrent ainsi leur entourage à les imiter.

Du *Portrait de Madame Matisse*, dit *La Raie verte* (pl. p. 16), se dégage une impression de calme en dépit de l'intensité de la couleur. Matisse a éliminé des formes de son modèle tout ce qui serait superflu pour les réduire à l'essentiel. L'attitude altière et frontale confère au portrait le rayonnement d'une icône. Sur le visage, la rayure verte qui, dès le premier instant, apparaît artificielle, n'a pas été peinte arbitrairement mais délimite les zones d'ombre et de lumière et en relève ainsi la construction belle et régulière. Elle sert également, en les séparant, à créer différents espaces colorés qui, loin de s'opposer, gagnent en

La Femme au chapeau, 1905
Huile sur toile, 81 × 65 cm
San Francisco, collection Haas

relief. Pour Matisse, il s'agit beaucoup moins de faire le portrait de sa femme que de «peindre un tableau», c'est-à-dire de construire par la couleur.

Au contraste très marqué des surfaces colorées s'ajoutent deux éléments que l'on retrouve toujours: les lignes rythmant l'espace et l'ornementation. Pour le tableau *Pastorale* (pl. p. 17), Matisse reprend le même motif que pour *Luxe, calme et volupté* et il y évoque les thèmes de la joie de vivre et de l'Age d'or. Ainsi a-t-il trouvé les éléments qui caractériseront désormais son œuvre.

Pastorale, 1905
Huile sur toile, 46 × 55 cm
Paris, Musée d'art moderne de la Ville de Paris

Portrait de Madame Matisse dit
La Raie verte, 1905
Huile sur toile, 40,5 × 32,5 cm
Copenhague, Statens Museum for Kunst

Entre le réalisme et la décoration
1906-1916

Selon Matisse *La Joie de vivre* marque véritablement le début de son œuvre (pl. p. 20); seul tableau qu'il exposa en 1906 au Salon des Indépendants, il suscita de violentes polémiques. Pour Signac par exemple, les contours appuyés des surfaces colorées étaient pure trahison: «Matisse, dont j'ai aimé les essais jusqu'à présent, me semble s'être complètement fourvoyé. Sur une toile de deux mètres et demi, il a entouré des personnages étranges d'une ligne épaisse comme le pouce. Puis il a couvert le tout de teintes plates, nettement définies, qui, si pures soient-elles, paraissent dégoûtantes... Ah! ces tons rose clair. Ça rappelle le pire Ranson (de la période ‹nabi›), les plus détestables ‹cloisonnismes› de feu Anquetin – et les enseignes multicolores des quincaillers.» Par contre, Leo Stein considérait cette toile comme la plus importante de notre temps et l'acheta. Ainsi fut-elle, chez Gertrude et Leo Stein, exposée au regard de tous ceux qui, s'intéressant à l'avant-garde, fréquentaient leur salon. Picasso, notamment, venait régulièrement et les deux artistes, qui échangèrent des tableaux, se lièrent bientôt d'une lucide admiration. Matisse fit voir à Picasso un masque africain qu'il avait acheté. Avec *Les Demoiselles d'Avignon* terminé en 1907 (New York, Museum of Modern Art) et qui annonçait le cubisme, Picasso allait, chez les Stein, éclipser *La Joie de vivre*. Dans son ouvrage intitulé *Du spirituel dans l'art* paru en 1912 et qui constituait les fondements théoriques de l'art abstrait, Wassily Kandinsky opposait ainsi les deux artistes: «MATISSE: couleur, PICASSO: forme. Deux grandes tendances, un grand but.» Plus partial, Leo Stein vendit le chef-d'œuvre de Matisse à l'Américain Albert Barnes; désormais, seuls quelques privilégiés purent voir le tableau bien à l'abri dans la forteresse de Merion.

Soucieux de parvenir à une grande clarté et à un équilibre presque parfait, Matisse avait soigneusement préparé son tableau *La Joie de vivre*, au titre littéraire. Les tons vifs du vert, de l'orange et du violet, du bleu, du rose et du jaune, emplissent l'espace dessiné par les contours des arbres, des personnages et délimité par le paysage. Simples esquisses servant d'ornement, les

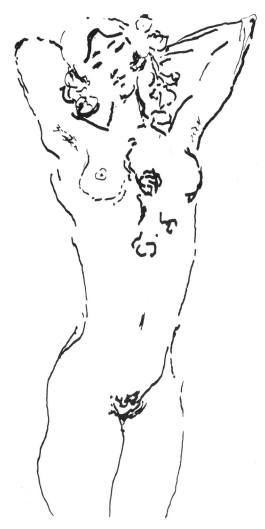

Nu féminin. Etude pour *La Joie de vivre*, vers 1905
Plume et encre de Chine

La Musique («esquisse»), 1907
Huile sur toile, 73 × 60 cm
New York, Museum of Modern Art,
Collection Conger Goodyear

Esquisse pour La Joie de vivre, 1905
Huile sur toile, 41,2 × 55 cm
San Francisco, collection particulière

La Joie de vivre, vers 1905–1906
Huile sur toile, 174 × 238 cm
Merion (Pa.), Barnes Foundation

personnages évoluent ici dans la tradition des pastorales, des Bacchanales et des rondes de nymphes: c'est toute l'atmosphère bucolique de *Daphnis et Chloé*. De l'unité que forment l'être humain et la nature naît l'Age d'or.

L'on retrouve le thème de la musique et de la danse dans l'esquisse à l'huile *La Musique* (pl. p. 18). Le trait spontané qui est la caractéristique de ce tableau est encore largement d'influence réaliste. Les silhouettes aux contours appuyés sont placées dans un paysage dépouillé de tout accessoire. En qualifiant cette œuvre d'esquisse, Matisse avait l'intention de la retravailler plus tard.

De Perpignan, Matisse se rendit au mois de mai 1906 en Algérie où il visita l'oasis de Biskra, mais il ne peignit pas durant les deux semaines de ce voyage; il disait se rendre compte que l'on devrait passer plusieurs années dans ces pays pour en rapporter quelque chose de nouveau et que seuls, palette et style habituel ne suffiraient à l'appliquer. Il attendit son retour pour composer à Collioure le *Nu bleu* ou *Souvenir de Biskra* (pl. p. 21). La seule note locale est ici apportée par les palmiers de l'arrière-plan, tandis que le nu est inspiré du personnage allongé de *Luxe, calme et volupté* et de *La Joie de vivre*. Avant de reprendre le motif du nu dans sa peinture monumentale, Matisse sculpta dans la même attitude le *Nu allongé*.

Matisse élabora les thèmes de sa sculpture parallèlement à ceux de sa peinture. A la suite d'un incident malencontreux, sa sculpture du *Nu allongé* devait basculer sur le sol mais elle put être remontée; et comme Matisse le dit lui-même: «[…] entre-temps, je pris une grande toile et peignis *Souvenir de Biskra*.» La figure du nu y est transcrite dans la même attitude, caractérisée par de fortes torsions et des lignes anguleuses. Les dimensions furent à ce point augmentées qu'elles dépassèrent celles de l'atelier, et donnent à l'ensemble une impression de robustesse.

Nu bleu (Souvenir de Biskra), 1906
Huile sur toile, 92 × 140 cm
Baltimore, Baltimore Museum of Art,
Cone Collection

Le corps féminin repose lourdement sur le sol et projette une ombre. L'œuvre est ici définie par une tension accrue entre le volume du corps féminin et l'aspect bidimensionnel du décor. Chez Matisse, c'est la représentation humaine qui prédomine: «Ce qui m'intéresse le plus, ce n'est ni la nature morte, ni le paysage, c'est la figure. C'est elle qui me permet le mieux d'exprimer le sentiment pour ainsi dire religieux que je possède de la vie.»

De Biskra, Matisse rapporta des objets tels qu'étoffes et céramiques qu'il utilisait souvent pour ses tableaux. Ces œuvres de l'artisanat local allaient, plus fortement encore que l'impression générale qu'il avait de son voyage, modifier son image de l'Orient. L'art islamique devint pour lui un domaine d'inspiration essentiel. Et à Paris, au cours des années 1893, 1894 et surtout 1903, il put voir les expositions que le Musée des Arts décoratifs consacra aux arts de l'Islam. Quant au Louvre, il avait en permanence une importante collection d'art islamique. Par contre, lors de l'Exposition universelle de 1900, la présentation des pays musulmans par les pavillons turcs, persans, marocains, tunisiens, algériens et égyptiens ressemblait moins à celle d'un musée. Matisse fit sienne la règle d'or de la céramique islamique: pureté

de la couleur étalée en surface, réduction du dessin en lignes traitées en arabesques et traitement en surface de l'espace pictural. Tout accessoire, tout luxe de détails n'est permis que légèrement appliqué en superficie. Les effets brillants doivent être obtenus avec peu de moyens parmi lesquels seront préférées les volutes de l'arabesque, ornementation arabe, ainsi que son nom l'indique.

Une autre source essentielle d'inspiration venant d'Orient fut le tapis auquel quasiment aucun autre peintre moderne n'accorda, de même qu'aux étoffes, une si grande importance. *Les Tapis rouges* (pl. p. 23) marque le début de son art décoratif. Mais, par la force et la densité de la couleur, par la présence matérielle des objets, l'on devine une œuvre encore tourmentée et marquée de conflits. L'espace créé par la nature morte, composée de fruits, d'un récipient muni d'une longue poignée, d'une pastèque et

Les Tapis rouges, 1906
Huile sur toile, 89 × 116,5 cm
Grenoble, Musée de peinture et de sculpture

La Rive, 1907
Huile sur toile, 73 × 60,5 cm
Bâle, Kunstmuseum

Etude pour Luxe I, 1907
Fusain, 277 × 137 cm
Paris, Musée national d'art moderne,
Centre Georges Pompidou

Luxe I, 1907
Huile sur toile, 210 × 138 cm
Paris, Musée national d'art moderne,
Centre Georges Pompidou

d'un livre, évite à celle-ci d'être pleinement intégrée à la représentation frontale décorative. Grâce à leurs diagonales bien nettes, les étoffes également conservent un aspect de profondeur. Des plis creux caractérisent le tissu vert du premier plan. L'équilibre réside ici dans l'affrontement des surfaces traitées à l'orientale et du réalisme des profondeurs.

Le langage de la décoration, tel que le concevait Matisse, est d'exprimer le spirituel par la couleur pure, par les lignes abstraites des arabesques, la réduction au plan de l'image et la recherche d'un rythme. L'œuvre décorative, ainsi que la lui révéla l'art islamique, ne représente pas son contenu spirituel, mais le signifie. Toutefois Matisse considérait également l'art ancien de l'Occident sous un autre angle, lorsqu'il en percevait la signification à travers le dessin et la couleur. Lorsqu'il regardait les fresques de Giotto à Padoue, il avait quelque difficulté à reconnaître de quelle scène de la vie du Christ il s'agissait, cependant il en éprouvait le sentiment inscrit dans les lignes, dans la composition, dans la couleur. Le titre ne pouvait que lui confirmer son impression.

Dès 1907 Matisse reprit pour sa peinture monumentale quelques-uns des motifs de ses tableaux. Les trois nus féminins de *Luxe I* (pl. p. 25) sont un élément de *Luxe, calme et volupté*. Quant à leur dimension, elle s'inspire également d'un tableau de Puvis de Chavannes que Matisse vit en 1895 au Salon de la Société nationale, *Les Jeunes Filles au bord de la mer*. En lui assignant une fonction de décoration d'une stricte clarté, Puvis de Chavannes avait donné une nouvelle impulsion à la peinture murale. C'est précisément ce qu'admirait Matisse, lorsqu'il faisait surgir majestueusement de la mer, telle une Vénus, le personnage central de son tableau. Malgré leurs gestes prosaïques, les deux figures plus petites qui l'accompagnent sont aussi d'une grande sobriété d'expression, et l'offrande du bouquet est empreinte de la vénération d'une déesse.

A la vue du paysage méridional de Collioure, Matisse ressentait toujours le désir de peindre. Mais à la différence des théories du fauvisme, la lumière éclaire maintenant jusqu'à la transparence les surfaces colorées. Et selon le principe divisionniste, la couleur permet d'unifier premier plan et arrière-plan. Ainsi pour *La Rive* (p. pl. 22), la froide résonance des tons de violet, de bleu et de vert tend à éloigner le premier plan, tandis que les nuances plus chaudes de vert et l'orange rapprochent l'arrière-fond. C'est dans la répétition de cette inversion que le paysage devient modèle. Quant aux limites de la rive et au tracé vertical du chemin, ils déterminent l'axe de ce paysage et de son reflet.

A l'instigation de ses admirateurs, Sarah Stein et les peintres allemands Hans Purrmann et Oskar Moll, qui le tenaient pour un grand maître, Matisse fonda une école où il enseigna de 1907 à 1909 et qui finalement regroupa soixante élèves. Mais sa

susceptibilité à l'égard de tout ce qui le détournait de sa véritable vocation d'artiste allait l'inciter à fermer l'établissement: «Lorsque j'avais soixante élèves, il y en avait un ou deux qu'on pouvait pousser en espérant quelque chose. Du lundi au samedi, je m'efforçais de prendre ces moutons et d'en faire des lions. Le lundi d'après, il fallait recommencer. Cela me faisait donner beaucoup d'énergie. Alors j'ai réfléchi: devais-je être professeur ou peintre? et j'ai fermé l'atelier.»

En 1908, Matisse entreprit avec Purrmann son premier voyage à travers l'Allemagne. La même année, son élève, Greta Moll, femme d'Oskar Moll, lui commanda son portrait (pl. p. 26); celui-ci ne put être achevé qu'après une visite de Matisse au Louvre au cours de laquelle, étudiant à nouveau un portrait de Paolo Veronese, il décida de modifier la rondeur, la position des bras,

La Desserte rouge, 1908
Huile sur toile, 180 × 200 cm
Leningrad, Musée de l'Ermitage

Greta Moll, 1908
Huile sur toile, 93 × 73,5 cm
Londres, The Trustees of the National Gallery

La Danse, 1909 (première version)
Huile sur toile, 259,7 × 390,1 cm
New York, Museum of Modern Art, don
de Nelson A. Rockefeller, Alfred H. Barr
Jr.

de même que la courbure des sourcils, et de durcir les formes.
«Ça prend une grandeur merveilleuse», note-t-il, non sans
quelque surprise, «ça prend une splendeur inouïe.» Pour le
portrait en particulier, le plus difficile est de surmonter l'écart
existant entre les données réalistes et la forme conçue. Comme
Greta Moll, tous les modèles avaient quelque peine à accepter
leur propre portrait réalisé selon les seules conceptions du
peintre.

Connaissant enfin la notoriété et l'aisance matérielle, Matisse
quitta le quai Saint-Michel en 1909 pour s'installer à Issy-les-
Moulineaux, où il acheta une maison et fit construire l'atelier dans
lequel il créa nombre de ses œuvres principales. Et en faisant
visiter à son père sa nouvelle maison, entourée d'un grand jardin
agrémenté d'un bassin, d'un parterre de fleurs et d'un boqueteau,
il pensait à présent pouvoir le rassurer sur son avenir.

Le collectionneur russe S. Chtchoukine qui, dès 1908, avait
commencé à acquérir des œuvres de Matisse, acheta une toile
qui fut exposée au Salon d'automne sous le titre *Harmonie bleue.
Décoration pour une salle à manger*. Elle fut tout d'abord peinte

en «harmonie verte» et lorsqu'il l'eut en 1909, Chtchoukine fut
surpris de la voir transformée en *Harmonie rouge* (pl. p. 27).
Matisse avait en effet modifié la couleur du tableau, car en étant
vert, ce dernier n'offrait pas suffisamment de contraste avec le
paysage printanier visible depuis la fenêtre. A côté de la toile de
Jouy du mur et de la nappe, le bleu ne donnait pas l'impression
d'une teinte abstraite, puisque c'était effectivement la couleur de
l'étoffe utilisée. Seul le rouge excluait tout autre ton naturel. Bien
que le dessin du tableau suive les règles de la perspective, la
luminosité dominante du tissu rouge et de ses motifs bleus, qui
couvre à la fois la table et la mur, réduit tous les plans en une
surface. Avec la vue de la fenêtre, Matisse reprend un thème
fréquent de l'art depuis la Renaissance et du début à la fin de sa
création lui consacrera un grand nombre de ses œuvres
principales. La même forme rectangulaire caractérise le tableau
et la fenêtre, et très souvent l'on ne peut, dans ses compositions,
les différencier au premier regard. Quant à la servante, elle
s'occupe de la table avec des gestes tout empreints de
cérémonie.

La Musique, 1910
Huile sur toile, 260 × 389 cm
Leningrad, Musée de l'Ermitage

La Danse, 1909–1910
Huile sur toile, 260 × 391 cm
Leningrad, Musée de l'Ermitage

Nature morte à «La Danse», 1909
Huile sur toile, 89 × 116 cm
Leningrad, Musée de l'Ermitage

Avec *La Desserte rouge* (*Harmonie rouge*), Matisse a transposé dans le style décoratif son tableau de 1897, influencé par l'impressionnisme. Il a utilisé le même thème: la servante, qui se tient également à droite, place les objets sur la table; elle dispose vaisselle, carafes, fruits et dresse le surtout de table contenant fleurs et fruits. Dans *La Table servie* de 1897, celle-ci richement apprêtée se perd dans la profondeur de la pièce. Telle une artiste, la servante apparaît comme la créatrice soigneuse de son intérieur. Dans *Harmonie rouge*, elle est par contre réduite à une mince silhouette dont les gestes des mains et l'inclinaison de la tête suivent le rythme ornemental du mur et de la nappe.

En 1909 Chtchoukine passe une nouvelle commande à Matisse: deux grandes décorations intitulées *La Danse* et *La Musique*. Le dessin préparatoire de *La Danse* lui avait plu en raison de sa «noblesse». Les deux versions – l'esquisse conservée au Museum of Modern Art de New York (pl. p. 28) et la composition définitive

à l'Ermitage de Leningrad (pl. p. 30–31) se distinguent par l'intensité des couleurs: rouge, bleu outremer et vert émeraude au lieu de rose, bleu ciel et vert Véronèse. Les teintes choisies pour *La Danse* et *La Musique* se trouvent également sur les céramiques et les miniatures persanes parmi lesquelles – jusqu'au XIIIe siècle encore – de nombreux exemples sont recouverts, dans leur ornementation, des tons purs du bleu, du vert et du rouge.

Avec *La Danse* Matisse a, dans un grand panneau, privilégié un motif de *La Joie de vivre*. Des mains humaines se rejoignent dans le tourbillon d'une ronde qui offre dans l'espace une perspective ovale et dont le rythme est tel qu'il soulève la danse au-dessus de la colline. Et, en s'inclinant vers la droite, l'ovale suggère le mouvement des aiguilles d'une montre et en souligne ici, dans sa

L'Atelier rouge, 1911
Huile sur toile, 181 × 219,1 cm
New York, Museum of Modern Art

vivacité, son irrégularité. Entre la figure de l'extrême gauche et sa voisine de droite, l'écart est grand. Afin de combler cet espace vide et de refermer le cercle, elle se précipite, sans pour autant réussir à la rejoindre, vers la main que l'autre lui tend, tout en freinant aussi fort qu'elle le peut, en se retournant, le mouvement qui l'entraîne à l'arrière-plan. C'est au regard du spectateur de réunir les mains. Le rythme de la danse est tel qu'il déforme les figures, ce qui contribue cependant à la perfection de l'expression.

Dans *La Danse*, la «religion du bonheur» a pris forme. La farandole provençale est pour Matisse l'incarnation du rythme et de la joie de vivre, laquelle est un sentiment qui se transmet inconsciemment. Le style décoratif s'associe à la figure humaine. Le «caractère de grande dignité» qu'ont les personnages s'explique aussi pour des raisons de forme. Leur monumentalité, leur grandeur majestueuse est toujours issue de la même simplification des moyens picturaux: peu de couleurs appliquées en grandes surfaces homogènes, et un dessin qui tend à la ligne pure et donne l'esquisse des formes.

La Musique (pl. p. 29) se compose des mêmes éléments que *La Danse*: cinq corps rouges, une colline verte et un ciel bleu. Les cinq figures masculines de *La Musique* ne sont pas réunies sous la forme d'un ovale comme celui des cinq personnages féminins de *La Danse*, mais présentées les unes à côté des autres comme des notes de tons différents. Le joueur de flûte rappelle celui de la *Pastorale*, tandis que le violoniste est emprunté à l'esquisse de *La Musique*. Les figures n'ont pas seulement suivi un procédé d'abstraction mais ont également été tournées de trois quarts en position frontale, ce qui les isole les unes des autres. Elles font ainsi face au spectateur et forcent son attention.

Après avoir largement développé avec *La Danse* le principe décoratif bidimensionnel en faveur de l'irréel et du spirituel, Matisse ressentit le besoin de réconcilier l'image avec l'espace habituel, réaliste, et il l'associa aux thèmes de «l'atelier» et de «la nature morte» (pl. p. 32). *La Danse* est vue en raccourci, en oblique à l'arrière-plan, prolongeant ainsi les diagonales de la table. Là où celles-ci soulignent le mieux la notion d'espace, se trouve la nature morte composée d'un plateau de fruits, d'un coffret et de vases de fleurs.

Tout au long de l'œuvre de Matisse, alternent les phases dites «décorative» et «réaliste»; et l'on y trouve fréquemment les deux types de représentation: celle qui, excluant l'espace réaliste, tend à l'abstraction et celle qui, par contre, témoigne d'une observation minutieuse de la réalité. Cette ambivalence est non seulement l'expression de l'opposition permanente entre les esthétiques orientale et occidentale, mais traduit aussi le sentiment de l'artiste confronté à ses tendances romantique et scientifique.

L'Algérienne, 1909
Huile sur toile, 81 × 65 cm
Paris, Musée national d'art moderne,
Centre Georges Pompidou

Fleurs et céramiques, 1911
Huile sur toile, 93,5 × 82,5 cm
Francfort-sur-le-Main, Städelsches Kunst-
institut und Städtische Galerie

Comme les motifs d'un tapis, crayons à dessin, chevalets, socles, cadres, toiles, sculptures et céramiques sont disséminés sur la surface monochrome de *L'Atelier rouge* (pl. p. 33). L'espace occupé par la chaise et la table, les chevalets, l'horloge et la commode est tout entier recouvert d'une teinte uniforme. Annonçant généralement le programme du peintre, le thème de l'atelier est la représentation de son moi; lui-même dira que l'essentiel réside dans l'expression. A la différence des artistes allemands du groupe «Die Brücke» qui exprimaient, à travers elle l'intensité de leurs propres émotions, la peinture doit, selon Matisse, trouver en elle-même son expression et être reconnue comme telle. Matisse, toujours conscient de ce qu'il créait, disait: «L'expression, pour moi, ne réside pas dans la passion qui éclatera sur un visage ou qui s'affirmera par un mouvement violent. Elle est dans toute la disposition de mon tableau: la place qu'occupent les corps, les vides qui sont autour d'eux, les proportions, tout cela y a sa part...»

Au cours du voyage qu'il effectua en 1908 avec Purrmann à travers l'Allemagne et notamment à Munich et à Berlin, Matisse eut l'occasion de connaître l'expressionnisme allemand. Il peigni ensuite des œuvres qui, telle *L'Algérienne* (pl. p. 35), se caractérisent par des formes lourdes de contrastes sur un fond clair et par une expression que durcissent des contours appuyés Ernst Ludwig Kirchner et Erich Heckel se rapprochaient de cette forme d'expression en rehaussant la couleur jusqu'à la dissonanc et en ponctuant l'ornementation des surfaces colorées par d'épa contours anguleux.

Mais pour Matisse le contraste n'est que le moyen – souvent réemployé – d'atteindre à une haute puissance d'expression. Le objets sont à ce point simplifiés qu'ils peuvent être suggérés pa le trait ou la courbe. Ce principe est celui de nombreux tableau comme *Fleurs et Céramiques* (pl. p. 37), où le contraste entre le formes rondes et rectangulaires est accentué par la couleur dominante du bleu et par le vert de l'assiette de céramique. Opposés l'un à l'autre, vase de fleurs et assiette de céramique gagnent ainsi en netteté tandis que la feuille de papier, au coin enroulé, semble se faire le lien entre eux. Estompent également cette opposition les zones d'ombre noire qui, sur le fond bleu, impriment plus distinctement encore le volume des objets.

Matisse passa l'hiver 1910–1911 en Espagne, principalement Séville où il peignit *Nature morte espagnole* (ou *Nature morte, Séville II*) (pl. p. 38) dans sa chambre d'hôtel. Vue de près, cette pièce, meublée d'un sofa au large dossier et d'une table ronde devient une nature morte. A peine remarque-t-on la tapisserie pourpre des murs qui se confond avec le sol de même couleur. Table et sofa sont recouverts d'étoffes dont la riche ornementati agrémentée çà et là de quelques grenades et poivrons, domine tableau. Tout au plus le pot de fleurs blanc se distingue-t-il par

Nature morte, Séville II, 1911
Huile sur toile, 90 × 117 cm
Leningrad, Musée de l'Ermitage

taille, tandis que les fleurs elles-mêmes se détachent à peine du décor. Motifs et fond sont ici traités de façon semblable.

Après son retour de Séville à Issy-les-Moulineaux, Matisse prit sa femme comme modèle. Pendant longtemps, sa famille allait ainsi, sans frais, se mettre constamment à sa disposition et accéder généreusement à ses souhaits. Patiemment, Amélie, sa femme, revêtait les costumes et adoptait les poses que lui demandait le peintre. Loin d'éprouver de l'indifférence comme les modèles professionnels, elle sut, par sa présence, conférer sérieux et dignité aux représentations que Matisse fit d'elle, même si une tenue exotique la transformait en simple figurante. *Le Châle de Manille* (pl. p. 41) est le motif principal du tableau. L'étoffe ornée de fleurs offre un contraste avec le mur bleu de l'arrière-plan et le sol rouge qui se rejoignent selon une diagonale. A la différence des objets de la *Nature morte espagnole*, il est donné ici davantage de plasticité au personnage. Le principe abstrait de la surface décorative se trouve donc réconcilié avec le principe réaliste de la tridimensionnalité.

La vie de famille était sévèrement astreinte aux exigences de l'artiste. A table, Madame Matisse ordonnait à ses enfants de se taire, afin de ne pas troubler la concentration de leur père qui travaillait à une œuvre importante. Certes, il n'était pas facile de vivre avec le peintre qui attendait de sa famille beaucoup de discipline; mais lui-même vivait tourmenté par sa passion: commencer une nouvelle œuvre était quasiment l'objet d'une vive inquiétude car cela comportait toujours le risque de l'échec. Tandis qu'il travaillait à *La Famille du peintre* (pl. p. 39), il écrivait à Michael Stein que tout allait bien mais il ne pouvait rien dire, tant qu'il n'avait pas terminé.

Sur le tableau peint à Issy-les-Moulineaux, *La Famille du peintre* est réunie, chacun vaquant à une occupation silencieuse: Jean et Pierre, ses deux fils, jouent aux dames; debout, pensive, sa fille Marguerite a interrompu la lecture de son livre, tandis qu'assise

Pages 40 et 41:
Acanthes. Paysage marocain, Tanger, 1912
Huile sur toile, 115 × 80 cm
Stockholm, Moderna Museet

Le Châle de Manille, 1911
Huile sur toile, 112 × 69 cm
Bâle, Kunstmuseum, Collection Staechelin

La Famille du peintre, 1911
Huile sur toile, 143 × 194 cm
Leningrad, Musée de l'Ermitage

Paysage à Tanger, vu à travers une fenêtre, 1912
Dessin à la plume

Nature morte aux oranges, 1913
Huile sur toile, 94 × 83 cm
Paris, Musée du Louvre, donation
Picasso

sur le divan, sa femme est concentrée sur quelque ouvrage d'aiguille. Si la femme et la fille de l'artiste, distinctes l'une de l'autre, peuvent être reconnues à leur individualité, les deux frères, par contre, ont perdu leur identité: habillés du même vêtement rouge, ils sont comme deux moitiés d'un modèle. Cet aspect double modifie les formes réelles en signes abstraits. Les personnages sont placés dans un décor luxuriant dont le tapis, symbole privilégié de l'Orient, est l'élément principal. Sur le sol, les multiples motifs de ce tapis persan éclairent toute la pièce: sofas, coussins, murs et jusqu'à la cheminée. La surface, richement composée, est rythmée par le contraste du dessin et de la couleur. Seule, la répétition de certains motifs introduit un espace d'apaisement que suggère également la dépersonnalisation des deux fils par l'identité de leur représentation. Au centre du tableau, Jean et Pierre encadrent le damier, répétition du motif principal. Le peintre a intégré la scène familiale à l'aspect ornemental de l'œuvre.

Matisse passa les mois d'hiver 1911–1912 et 1912–1913 au Maroc, et il disait que ces voyages l'avaient à nouveau rapproché de la nature et que les impressions visuelles qu'il en avait retirées lui redonnaient jeunesse et énergie: «Les voyages au Maroc m'aidèrent à accomplir la transition nécessaire et me permirent de retrouver un contact plus étroit avec la nature que n'avait pu le faire l'application d'une théorie vivante mais quelque peu limitée, comme était devenu le fauvisme.» Son art trouvait un écho en la luxuriante végétation méridionale des jardins de Tanger, et les tableaux de cette époque rayonnent d'une lumière toute nouvelle. Depuis Tanger, Matisse écrivait à l'ami peintre Camoin: «La lumière est tellement douce, c'est tout autre chose que la Méditerranée.» Plus tard, il se souvint que, lors de son arrivée, il s'était écoulé un mois entier jusqu'à la disparition soudaine de la grisaille; telles des amandes luisant à l'intérieur de leurs écorces à demi ouvertes, les teintes de vert apparurent alors à ses yeux.

Six semaines durant, Matisse travailla dans l'immense parc de la villa Bronx. Il peignit trois tableaux de même format que l'on peut réunir en un triptyque: *Acanthes. Paysage marocain* (pl. p. 40), *Pervenches* (collection privée) et *La Palme* (Washington, D.C., National Gallery of Art). Dans la tradition occidentale, les triptyques ont un sens religieux: ils sont la forme la plus fréquente des autels chrétiens et sont liés à l'aura de la souveraineté. Marcel Sembat, politicien et député parisien qui, depuis 1908, achetait des œuvres de Matisse, dont il expliquait et défendait l'art dans des articles de journaux, rédigea en 1920 la première monographie de l'artiste et perçut dans ces trois vues de jardin une sorte de transfiguration quasi religieuse.

Lors de son second séjour au Maroc, en 1912–1913, à l'époque où Camoin travaillait avec lui, il peignit *Nature morte aux oranges* (pl. p. 43). La corbeille d'oranges est placée sur une table que

recouvre une étoffe fleurie. À l'arrière-plan est suspendu un rideau mauve aux plis rigides. Cette œuvre, caractérisée par la forte résonance de ses tons, fut achetée en 1944 par Picasso à un collectionneur. L'on retrouve le motif des oranges à travers toute l'œuvre de Matisse; Guillaume Apollinaire comparait d'ailleurs celle-ci à «l'orange… le fruit de la lumière resplendissante».

Préférant travailler à Paris, Matisse ne retourna plus à Tanger. Mais en réalité, il n'était pas heureux de cette décision. «L'aspect sombre du ciel» était trop oppressant, et le bref séjour qu'il dut faire dans le Midi, pour accompagner jusqu'à Menton sa mère malade du cœur, éveilla sa nostalgie des pays du Sud. Cependant, lorsqu'il retrouva un logement quai Saint-Michel, la «concentration» qu'il avait à Paris fut plus forte que la tentation exotique. Matisse craignait aussi de céder à la routine. Avec l'habitude, l'herbe aurait perdu de sa fraîcheur, la lumière de sa clarté d'aurore et les êtres humains auraient paru moins «primitifs». Il importait que les impressions ressenties demeurent.

Le 3 août 1914, la guerre éclata. Matisse qui séjournait à Paris fut alors saisi de peur. Une offensive allemande allait détruire la ferme de la famille et bientôt il ne reçut plus aucune nouvelle de sa mère qui ne pouvait quitter Bohain, ni de son frère qui avait été fait prisonnier par les Allemands, comme les autres hommes du village. Il écrivit à Purrmann: «Cette guerre aura ses récompenses – quelle gravité elle aura donné aux vies même de ceux qui n'y ont pas pris part, s'ils peuvent partager les sentiments du simple soldat qui donne sa vie sans trop bien savoir pourquoi, mais qui pressent que le don est nécessaire».

L'on pourrait à peine concevoir de lien entre ces événements dramatiques et l'art de Matisse, si les teintes sévères de sa palette, caractéristiques de la production des années de guerre, et la tendance à la simplification, partie intégrante de son œuvre depuis longtemps, n'apparaissaient pas comme l'expression de sa gravité. La réduction des formes à des figures géométriques de base telles que le carré ou le rectangle, le cercle ou l'ovale, atteignit son apogée en 1914 et se poursuivit jusqu'en 1916. Certes, le tableau *Vue de Notre-Dame* (pl. p. 45) où la simplification géométrique est la plus poussée n'a pas été composé par hasard; et c'est à la suite de celui-ci que fut achevée, au cinquième étage de l'immeuble du 19, quai Saint-Michel, toute une série de vues depuis la fenêtre. Leur bordure droite donne l'impression d'une verticale sur l'image. Avec les diagonales créant de la profondeur, verticales et horizontales forment une structure abstraite sur le fond bleu à l'effet accentué par le bouquet vert. C'est comme si Matisse, par la géométrie de l'église, s'isolait du monde réel.

Ayant décidé de quitter Paris peu avant la bataille de la Marne, Matisse se rend à Toulouse chez sa fille Marguerite, avec Marquet, puis de là gagna Collioure, où il demeura en compagnie

Vue de Notre-Dame, 1914
Huile sur toile, 147,3 × 94,3 cm
New York, Museum of Modern Art, acquis par the Lillie P. Bliss Bequest and the Henry Ittleson, A. Conger Goodyear, Mr. and Mrs. Robert Sinclair Funds, and the Anna Erikson Levene Bequest, en mémoire de son mari Mr. Phoebus Aaron Levene, 1975

Les Marocains, 1916
Huile sur toile, 181,3 × 279,4 cm
New York, Museum of Modern Art

Porte-fenêtre à Collioure, 1914
Huile sur toile, 116,5 × 88 cm
Paris, Musée national d'art moderne,
Centre Georges Pompidou

de sa famille et de Marquet jusqu'en novembre 1914. Juan Gris
qui avait trouvé refuge chez le précepteur des enfants de Matisse
y resta encore plus longtemps. La crainte qu'inspiraient les
événements fit se réunir Fauves et Cubistes autrefois divisés par
des dissensions d'ordre artistique. Grâce au cubisme, Matisse
renforça sa tendance à la simplification géométrique. A l'encontre
de l'aspect tragique de l'époque furent élaborées des structures
durables.

De même que l'atmosphère générale, la gamme des couleurs
qu'emploie Matisse s'assombrit; les teintes lumineuses disparais-
sent. Durant les années de guerre, le noir joue le rôle qui était
celui du vert amande pendant le séjour au Maroc. Dans la
Porte-Fenêtre à Collioure (pl. p. 47), la couleur noire recouvre tout
ce qui ne concerne pas la forme rectangulaire du tableau, comme
si les vues depuis une fenêtre qu'affectionnait Matisse avaient été
sacrifiées au nouveau principe de la teinte sombre. Ne subsistent
plus que deux bandes verticales: l'une à gauche, d'un gris-bleu
bordé de noir, l'autre à droite, aux couleurs gris-brun et bleu-vert
séparées par un trait noir. Il n'est pas resté davantage du
complexe volet, châssis et fenêtre. Toutefois l'aspect de celle-ci
est-il encore reconnaissable: les traits horizontaux de la bande

gris-bleu rappellent les fentes d'un volet; il reste un minimum d'espace, car sous la bande gris-brun la ligne oblique confère à la partie noire horizontale de la base une dimension de perspective. Le sol est formé par la surface trapézoïdale d'un noir plus clair que celui de l'ouverture. C'est ici que Matisse est le plus proche de l'abstraction, puisque les formes géométriques coïncident presque avec le plan du tableau.

Après son retour de Collioure en novembre 1914, Matisse voyagea fort peu. Il travailla de nouveau à Paris, quai Saint-Michel, et à Issy-les-Moulineaux. Il continua d'utiliser le noir comme couleur avec l'œuvre intitulée *Les Marocains* (pl. p. 46) et qui terminait la série des tableaux du Maroc. Matisse songeait alors aux instants de bonheur qu'il avait connus en ce pays: «Je m'aperçus que le seul refuge est dans le souvenir assez tenace que j'en ai gardé.» D'heureuses pensées, claires et colorées, se détachent sur l'arrière-plan d'une époque sombre. La vision de paradis des *Marocains* éclate en trois motifs isolés: le jardin de citrouilles, le balcon de fleurs et le groupe d'hommes rassemblés. La composition est ici marquée par de très nettes oppositions entre lignes droites et courbes; l'unité qui caractérisait autrefois les tableaux marocains a disparu.

En même temps, Matisse commença à peindre de nouveau des intérieurs et de grandes natures mortes. Tandis que les œuvres qu'il exposa à Paris en hiver conservaient leurs teintes sombres et pleines ainsi que leurs zones d'ombre noire, celles qu'il fit à Issy-les-Moulineaux pendant les saisons plus plaisantes offrent des tons plus clairs comme *Fenêtre. Intérieur aux myosotis* (pl. p. 49). Les oppositions toutefois restent intégrées à la division géométrique de la surface.

En été 1917, ses fils Jean et Pierre, enrôlés le premier dans une unité de chars d'assaut, le second dans le personnel au sol de l'armée de l'air, quittèrent le domicile paternel. Les liens familiaux se desserrèrent; adultes, les enfants suivaient en effet leur propre voie. Même après la fin de la guerre, ils ne vécurent plus très souvent ensemble. Matisse se consacrait de plus en plus exclusivement à son travail et, lors d'une visite de ses enfants, Pierre et Marguerite, il écrivit à son ami Camoin que c'était très agréable, mais qu'il travaillait mieux lorsqu'il était seul.

La Fenêtre (Intérieur aux myosotis),
1916
Huile sur toile, 146 × 116,8 cm
Detroit, Detroit Institute of Arts

L'«intimité» de la période niçoise 1917-1929

Pendant la Première Guerre mondiale – en 1916 – Matisse se trouvait sur la Côte d'Azur parce que son médecin lui avait conseillé d'aller soigner une bronchite à Menton. Il passa également à Nice, puis, non sans quelque hésitation, il transféra son champ d'activité du nord vers le sud, mais jamais complètement, seulement pour de longs séjours d'hiver. Comme il le dit lui-même plus tard, le fait d'avoir choisi Nice devait correspondre au besoin de se retrancher de la réalité: «Nice est un décor, une chose fragile, très belle, mais où vous ne trouvez personne. Ce n'est pas une ville en profondeur.» Dans son importante monographie sur l'artiste, Pierre Schneider en vient à la conclusion suivante: «On ne peut s'empêcher de constater dans la production de cette première décennie niçoise une baisse de tension, un flottement engendrant par moments comme une sorte de mélancolie, qui viennent de ce que le peintre se dérobe devant ce qui eût justifié son recours au réalisme: le poids de la réalité, ses résistances, ses refus de cadrer avec les exigences formelles du tableau. La famille avait été le garant du sens de la réalité: son élimination entraînait l'aplatissement du réel, l'insignifiance du réalisme.»

Mais surtout l'on percevait en France un climat de libération esthétique. Picasso s'orientait vers le classicisme, Derain revenait au principe de l'ordre et Fernand Léger commençait sa «période monumentale», tandis qu'en Italie, les représentants de la *pittura metafisica* – de la peinture métaphysique – ainsi que le futuriste Gino Severini retournaient à la tradition. Par contre, durant la Première Guerre mondiale encore, les artistes du suprématisme russe et du De Stijl hollandais se regroupèrent dans l'intention d'élaborer un monde nouveau et d'abolir la séparation existant entre les arts et la technique. En 1919 fut créé en Allemagne le Bauhaus: tous les domaines de la vie moderne – arts plastiques, architecture et urbanisme, typographie et publicité, photographie et cinéma – devaient être conçus selon une nouvelle structure. Les formes géométriques devenaient pour les arts plastiques de plus en plus déterminantes. Les artistes qui furent à l'origine de

Nu féminin debout, vers 1923–1924
Fusain, 47,6 × 31,5 cm
Paris, Musée national d'art moderne,
Centre Georges Pompidou

Figure décorative sur fond ornemental, 1925
Huile sur toile, 131 × 98 cm
Paris, Musée national d'art moderne,
Centre Georges Pompidou

Laurette à la tasse de café, 1917
Huile sur toile, 89 × 146 cm
Collection particulière

Tête de Laurette à la tasse de café,
1917
Huile sur toile, 92 × 73 cm
Soleure, Kunstmuseum

ces mouvements appartenaient déjà à la génération d'après.
Matisse, lui, se trouvait dans une phase plus avancée de son
évolution personnelle: il s'agissait de tenter l'expérimentation de
l'application harmonique de ses découvertes. Lui-même jugeait
ainsi la situation de son art: «Je sortais de longues et fatigantes
années de recherches pendant lesquelles j'avais donné le meilleur
de moi-même pour amener ces recherches, après bien des
conflits intérieurs, au diapason d'une création que je voulais sans
précédent. De plus, d'importantes compositions murales ou
monumentales m'avaient puissamment requis. Partie d'une cer-
taine exubérance, ma peinture avait évolué vers la décantation et
la simplicité. [...] Une volonté d'abstraction de couleurs et de
formes riches, chaudes et généreuses où l'arabesque voulait
assurer sa suprématie. De cette dualité étaient nées des œuvres
qui, surmontant mes contraintes intérieures, se réalisaient dans
l'union des oppositions.

Oui, j'avais besoin de souffler, de me laisser aller au repos dans
l'oubli des soucis loin de Paris. Les «Odalisques» furent les fruits
nombreux à la fois d'une heureuse nostalgie, d'un beau et vivant
rêve et d'une expérience vécue quasiment dans l'extase des jours
et des nuits, dans l'incantation d'un climat.»

Le besoin qu'éprouvait Matisse d'une période de calme se reflète dans l'indolence imperturbable de ses odalisques, ce qui marquait également un retour à un plus grand réalisme. À cette époque, non seulement pour Matisse mais peut-être plus directement encore pour Picasso, les représentants historiques de ce courant étaient Jean Auguste Dominique Ingres et Gustave Courbet, le premier en raison de la précision de son dessin et de sa tendance au traitement en surface du tableau, et le second pour l'application dense des masses de couleur.

L'Italienne Laurette, qui fut pendant plusieurs années le modèle préféré de Matisse, est représentée dans une série d'œuvres en pied, de portraits et de nus. Sur le tableau *Laurette à la tasse de café* (pl. p. 52), elle est étendue souplement dans une attitude rendue par des lignes ondoyantes. Au coin inférieur de la composition, la verticale de la table sur laquelle est posée une tasse de café immobilise l'aspect flottant de sa position horizontale ainsi fixée dans l'espace. La couleur noire de sa chevelure, de la table et des contours évite qu'elle soit tout entière absorbée par les tons de gris clair et de vert léger. Les contrastes sont encore accentués dans la représentation *Tête de Laurette à la tasse de café* (pl. p. 53). Vues de près comme un détail, les formes simplifiées apparaissent en raccourci et, de même que les lignes sont davantage marquées, les couleurs sont plus soutenues. Ici également, la tasse de café délimite la position de la figure dans l'espace. Les proportions de Laurette sont devenues l'expression d'une lourdeur pesante associée à l'attitude du repos. Elle est toute proche et cependant l'aspect plat de son corps déployé la fait apparaître en recul. Ses yeux grand ouverts ne regardent ni le peintre ni le spectateur, mais semblent rêver.

Lorsqu'il vivait à Nice, à l'hôtel Beaurivage, dans les années 1916–1917, Matisse craignait que la camériste ne déplace son chevalet, aussi posait-il sur le tapis un fil rouge ou quelque autre marque afin d'en retrouver l'emplacement exact. Il avait besoin d'une réalité bien tangible, immuable, qui puisse l'aider à réduire l'écart existant entre l'impression fugitive et l'expression durable.

Chaque année, entre les mois de mai et de septembre, Matisse revenait à Paris et travaillait dans son atelier d'Issy-les-Moulineaux. La vue du *Jardin à Issy* (pl. p. 55), avec ses buissons verts et son étang rond dans lequel nagent les inévitables poissons rouges, est transformée en une composition presque abstraite aux tons nourris de brun et de vert. Le motif est agencé de telle manière qu'il semble vu depuis la fenêtre d'un étage élevé. L'on remarque souvent dans l'œuvre de Matisse cette tendance à repousser le sujet au plan de l'image. Le rapport à la surface doit toujours être conservé: tel un collage, chacun des éléments, distincts les uns des autres par leur bord légèrement ombré, est posé sur le fond brun. C'est comme si les parties d'une coulisse de scène glissaient sur la représentation; l'éloignement de la réalité

Le Jardin à Issy, 1917–1919
Huile sur toile, 65 × 54 cm
Collection particulière

conserve donc encore une parcelle d'espace réel et ne s'intègre pas entièrement à la surface abstraite de la composition.

Entre le paysage ou, de façon générale, entre le monde extérieur et lui-même, Matisse aimait inscrire la distance donnée par une pièce, un balcon ou une balustrade. A l'inverse des impressionnistes qui préféraient peindre d'après nature, Matisse, lui, accordait davantage d'importance à l'expression qu'à l'impression, à la décoration qu'au réalisme; il peignit ses œuvres principales dans l'atelier que comprenait sa chambre d'hôtel à Nice. Lorsqu'il composa *Intérieur à la boîte de violon* (pl. p. 57), il habitait à l'hôtel de la Méditerranée dont il appréciait beaucoup la décoration pour ce qu'elle avait de théâtral: «Un vieil et bon hôtel, bien sûr! Et quels jolis plafonds à l'italienne! Quels carrelages! On a eu tort de démolir l'immeuble. J'y suis resté quatre ans pour le plaisir de peindre. Vous souvenez-vous de la lumière qu'on avait à travers les persiennes? Tout était faux, absurde, épatant, délicieux.» La lumière vive du monde extérieur pénètre par la porte ouverte du balcon et atténue ainsi les limites de la pièce. L'intérieur de la boîte à violon reflète le bleu du ciel et de la mer. Les lignes de construction en oblique conduisent le regard vers l'extérieur. Par la perspective montante de l'arête du mur du fond, Matisse conserve l'espace naturel de la composition. Les différentes valeurs tonales ainsi que les gradations de lumière forment elles aussi contraste avec l'aspect massif du système frontal décoratif.

De nombreuses œuvres ont pour thème cette opposition entre réalité et abstraction. Un exemple en est *La Chaise aux pêches* (pl. p. 58) où le contraste est rendu par la position en oblique de la chaise – sur laquelle est posée une corbeille de fruits – devant un arrière-plan frontal. Les couleurs vives de la toile de Jouy ainsi que le tracé de son dessin ont disparu. Par contre, si les contours rouge-brun de la chaise lorraine sont plus nets, ils n'en paraissent pas moins trop légers pour donner l'impression de fermeté. La nature morte manque également de consistance pour soutenir l'opposition avec le motif du fond. Quant au coloris, léger jusqu'à la transparence, il adoucit les contrastes.

Comme on le remarque en pénétrant avec *L'Heure de peinture* (pl. p. 59) chez lui, dans son atelier, la vie de Matisse était désormais inséparable de son art. Les lieux d'habitation et de travail étaient les mêmes: «Un peintre n'existe que par ses tableaux», disait-il. Toutefois, en apportant un élément réaliste et en introduisant une dimension biographique, la présence du peintre dans son œuvre modifie cette conception. Dans *L'Heure de peinture*, il se représente donc au minimum, n'ayant plus ni poids ni épaisseur ni coloration et n'apparaissant plus que sur le plan du dessin. Cet effet d'optique souligne l'appartenance du peintre à son univers artistique, et en définit toutefois en même temps la distance. Dans cette réflexion de son activité, le peintre

Intérieur à la boîte de violon, 1919
Huile sur toile, 97,3 × 60 cm
New York, Museum of Modern Art

s'érige en créateur souverain face à son monde de représentations. Tandis que lui-même passe au plan de l'irréel, de la simple
évocation, se renforce la présence de la jeune fille occupée à lire.
Avec son livre ouvert, elle fait suite à la nature morte constituée
d'un vase de fleurs, de fruits et d'un pinceau sur la table. La
couleur noire des pages du livre et du pinceau rappelle le mur du
fond également sombre. Le peintre a reproduit aussi, à l'intérieur
du miroir ovale, un paysage, sans cela complètement exclu de la
pièce. Se découpant nettement sur la surface noire de l'arrière-
plan, le miroir, tableau dans le tableau, évoque l'activité du
peintre. Il sert en même temps d'intermédiaire entre lui et le
modèle. Grâce à la répartition de la coloration et de la lumière,
les différents plans de réalité de la représentation linéaire et
picturale et de la réflexion dans le miroir se trouvent réunis sur un
même plan d'image bidimensionnel.

La Leçon de peinture, 1919
Huile sur toile, 74 × 93 cm
Edimbourg, Scottish National Gallery of
Modern Art

La Chaise aux pêches, 1919
Huile sur toile, 130 × 89 cm
Collection particulière

Comme il le disait en 1919, Matisse était à la recherche d'une nouvelle synthèse: «J'ai travaillé en impressionniste, directement d'après la nature, et j'ai ensuite cherché la concentration et une expression plus intense aussi bien dans les lignes que dans la couleur. Alors, il faut évidemment que je sacrifie en partie d'autres valeurs, la matière, la profondeur dans l'espace et la richesse du détail. Maintenant je voudrais réunir tout cela. [...]» C'est à cette synthèse qu'il songeait lorsqu'en été il peignit, à Issy-les-Moulineaux, *La Table noire* (pl. p. 61). Son modèle, Antoinette, est entourée de larges motifs somptueux. Aux murs le décor de la tapisserie passe de l'austérité à la richesse, tandis que le sol présente de larges lattes diagonales. Les motifs ont la qualité de rapprocher en surface les objets qu'ils recouvrent. Un magnifique bouquet de fleurs est posé sur la table. La couleur noire de celle-là et le vêtement blanc du modèle offrent l'opposition la plus vive dont les éléments se réunissent sur la tapisserie à volutes de droite. Malgré l'abondance des détails, la composition conserve sa clarté grâce au noir et blanc qui cependant ne marque pas l'espace.

Comme il apparaît sur *L'Odalisque au pantalon rouge* (pl. p. 62–63), s'intensifiera au cours des années vingt le souci d'associer une plus grande vraisemblance à la profondeur de l'espace et à la richesse de l'ornementation. À peine était-il terminé que ce tableau fut acquis par le Musée du Luxembourg, conformément aux estimations officielles du peintre. Celui-ci reçut la croix de la Légion d'honneur, peut-être en raison de l'aspect conventionnel de L'*Odalisque,* reproche contre lequel Matisse crut bon de s'élever: «Observez bien ces ‹Odalisques›: la clarté solaire y règne dans son flamboiement triomphal, s'appropriant couleurs et formes. Or, les décors orientaux des intérieurs, l'apparat des tentures et des tapis, les costumes luxuriants, la sensualité des chairs lourdes et assoupies, la torpeur béate des regards en attente de plaisir, tout ce faste de la sieste porté au maximum d'intensité de l'arabesque et de la couleur ne doit pas nous faire illusion: l'anecdote en soi, je l'ai toujours repoussée. Dans cette ambiance de relaxation alanguie et sous cette torpeur solaire qui baigne les choses et les êtres, une grande tension couve, qui est d'ordre spécifiquement pictural, tension qui provient du jeu et des rapports des éléments entre eux.» *L'Odalisque au pantalon rouge* est un exemple de ces rapports purement picturaux. Des couleurs haussées alternent avec des nuances plus tendres. Parallèle au tableau, le mur du fond aux motifs annihilant la dimension de profondeur forme contraste avec l'attitude de biais de l'odalisque allongée, attitude grâce à laquelle la notion d'espace est conservée. La plasticité du corps délicat de la jeune femme est rendue par la position des bras, l'un replié, l'autre étendu, et des jambes croisées.

Si *L'Odalisque au pantalon rouge* se détache clairement des

La Table noire, 1919
Huile sur toile, 100 × 81 cm
Suisse, collection particulière

Odalisque au pantalon rouge,
1924–1925
Huile sur toile, 50 × 61 cm
Paris, Musée national d'art moderne,
Centre Georges Pompidou

Odalisque à la jupe de tulle, 1929
Lithographie en noir et blanc, 29 × 38 cm
Paris, collection particulière

motifs ornementaux qui l'entourent, par contre la *Figure décora-tive sur fond ornemental* (pl. p. 50) semble écrasée par la vivacité criarde et la multiplicité du détail. De style baroque français, la tapisserie est surchargée de fioritures à l'extrême. La multitude disgracieuse des styles du décor dans ce coin de pièce forme comme une paroi continue de motifs irritants. La surabondance des éléments décoratifs rend l'espace clos et inquiétant. Ayant perdu de leur volume, la plante verte et son pot, de même que la coupe de fruits, sont absorbés par l'ensemble, qui cependant n'écrase pas la femme assise. Matisse nomme celle-ci «figure décorative»: les parties de son corps s'emboîtent les unes dans les autres, tels des cylindres, comme s'il s'agissait d'une *«machine à vivre»*. L'une des jambes, repliée sous l'autre, élargit la base du corps, déplaçant le centre de gravité vers le bas et donnant ainsi une assise ferme à la figure. La position de celle-ci permet à nouveau de distinguer plus aisément les verticales du

fond et les horizontales du sol. Le tracé rectiligne et angulaire de la figure reprend en effet les lignes droites et les angles du mur et du sol qui sinon n'apparaîtraient pas aussi nettement. La position des jambes décrit la superficie du sol. Dans la partie supérieure, une ombre portée sur le fond détache la figure de celui-ci. Par le contraste qu'il crée entre la figure aux formes angulaires et l'arrière-plan dessiné d'arabesques, Matisse essaie de conserver à l'intérieur d'un espace ornemental une dimension de profondeur. Jamais auparavant, ni après, Matisse n'a opposé si fortement les aspects sculptural et ornemental et provoqué chez le spectateur une vision des choses de façon comparable.

Odalisques jouant aux dames, 1928
Huile sur toile, 54 × 65 cm
Stockholm, Moderna Museet, collection
Colin

L'ouverture de l'espace pictural
1930-1940

Les nombreux voyages qu'effectua Matisse ne furent jamais pour lui que «des changements de lieux», à l'exception de celui qu'il fit à Tahiti en février 1930, s'arrêtant à New York et à San Francisco; pour lui, ce fut un véritable «voyage». Il décrivit ainsi New York qui l'enthousiasma: «Si je n'avais pas l'habitude de suivre mes décisions jusqu'au bout, écrit-il, le 5 mars, je n'irais pas plus loin que New York, tellement je trouve qu'ici c'est un nouveau monde: c'est grand et majestueux comme la mer – et en plus on sent l'effort humain.»

L'Amérique le fascinait; mais il poursuivit son voyage et s'embarqua pour Tahiti. Ce séjour n'allait pas véritablement l'encourager au travail, car sous l'effet d'une lumière constante, il se sentait saisi d'un sentiment de nonchalance et d'ennui. Eprouvant presque de la mélancolie, il écrivit: «Tout ça est bien banal. Pour moi, je suis loin de tout ceci – et m'en console en me disant que je goûte un vrai repos d'esprit, comme je n'en ai presque jamais eu – peut-être jamais. Je vois bien tout ce qui est exceptionnel ici, mais j'en suis vite fatigué. J'ai l'esprit plus en France qu'ici – je revois la maison, mon travail que j'ai laissé, avec plus d'intensité de sensations qu'en voyant ce qui m'entoure ici. [...] Les gens me sont aussi très indifférents [...] Le pays est très beau mais très fatigant. Je ne puis pas répondre que je n'en tirerai pas profit une fois rentré, mais ici, je ne puis y croire. Je ne sais ce qui vous prend ici, mais on n'a jamais envie de changer de place et on ne pense à rien – c'est ce qui me donne l'idée de repos.»

Lors de son voyage de retour en septembre 1930, Matisse rendit visite à son plus grand collectionneur aux Etats-Unis, Albert Barnes à Merion. Celui-ci lui commanda une décoration pour la grande salle de son musée privé, couverte des chefs-d'œuvre de Georges Seurat, Cézanne, Pierre-Auguste Renoir et Matisse. Cette décoration devait être placée dans les écoinçons se situant au-dessus des trois grandes portes-fenêtres. Matisse accepta ce

Femme à la blouse, rêvant, 1936
Plume et encre de Chine

La Blouse roumaine, 1940
Huile sur toile, 92 × 73 cm
Paris, Musée national d'art moderne,
Centre Georges Pompidou

Femme dormant, 1936
Dessin à la plume

projet audacieux en faisant la réflexion suivante: «Traiter ma décoration comme un autre tableau aurait été déplacé. Mon but a été de traduire la peinture en architecture, de faire de la fresque l'équivalent du ciment et de la pierre. Cela n'est plus souvent fait, je crois. Le peintre mural aujourd'hui fait des tableaux, non des peintures murales.»

Avant de commencer le travail, Matisse retourna à Merion vers la fin des années 1930 et en revint avec des données précises sur la salle à décorer. Le thème qu'il choisit fut de nouveau la danse (pl. p. 68–69), détail de *La Joie de vivre* conservée à Merion. Afin de pouvoir exécuter l'œuvre d'une superficie d'environ 52 m², il loua à Nice un ancien studio cinématographique. Les travaux préliminaires durèrent longtemps; la répartition des couleurs, notamment, allait être exigeante et pour la première fois, ainsi qu'il l'indique lui-même en 1946, Matisse utilisa des papiers colorés découpés selon la forme souhaitée: «C'est ainsi que j'ai travaillé pendant trois ans sur [quatre?] ans, déplaçant constamment onze aplats de couleur, un peu comme on déplace les jetons pendant une partie dans le jeu de dames (il [faut] dire que ces aplats étaient du papier coloré) jusqu'à ce que j'aie trouvé un arrangement me satisfaisant entièrement.» Pour le dessin des figures, également découpées et se détachant en gris pâle sur les autres couleurs, il n'atteignit que lentement le dépouillement auquel il aspirait. En 1932 l'équilibre recherché entre le dessin et la couleur fut enfin réalisé et la composition exécutée à l'huile sur toile. C'est alors qu'il apprit que les mesures des écoinçons, prises à Merion, étaient inexactes. Et au lieu de les corriger, Matisse décida de préparer une nouvelle version qui le laissa épuisé; souffrant en outre de graves coliques néphrétiques, il fut

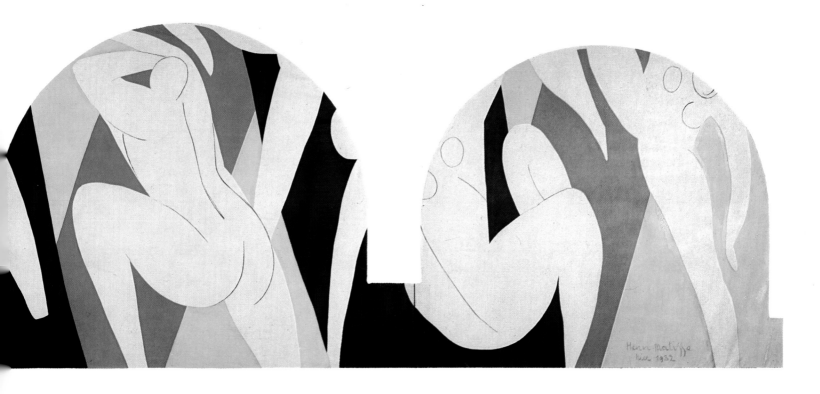

alors contraint au repos. Il reprit cependant le travail de la
première composition qui fut achevée à la fin de l'année 1933.

Dans *La Joie de vivre* et *La Danse* de la collection Chtchoukine,
Matisse avait ouvert la ronde en un groupement plus libre des
figures dont les contours en arabesques contrastaient avec la
forme géométrique de la surface colorée. Une gamme chromati-
que limitée, composée de bleu, de rose, de gris et de noir répond
à l'exigence de clarté et de platitude. Par leurs dimensions, les
figures ne s'intègrent pas entièrement dans l'espace restreint des
lunettes. Elles en appellent à la puissance imaginative du
spectateur qui doit aller au-delà des limites existant réellement.
Telle était en effet l'intention de Matisse: «il fallait surtout que je
donne, dans un espace limité, l'idée d'immensité.»

Matisse éprouva un sentiment de soulagement lorsqu'il vit en
mai 1933 sa décoration murale installée sur place à Merion.
L'unité du mur et du tableau était atteinte. Comme après une
délivrance, il jubilait: «Ma décoration est placée. C'est une
splendeur dont on ne peut avoir idée sans l'avoir vue – car tout le
plafond avec ses arceaux vit par radiations – et même cet effet se
continue jusqu'au sol. [...] Je suis profondément fatigué mais très
content. Quand j'ai pu voir la toile placée – elle s'est détachée de
moi pour appartenir au bâtiment – et j'ai tout oublié, le passé –
elle est devenue une chose personnelle – C'était une vraie
‹naissance› qui détache la mère du passé douloureux.»

Après le travail harassant qu'avait exigé de lui *La Danse*, il se
rendit en 1933 en cure à Abano Terme, en Italie, et il visita Padoue
pour revoir les fresques de Giotto. Le retour au style décoratif qui
se manifestait dans *La Danse* allait se poursuivre. Au cours des
années suivantes, il dessina beaucoup: il exécuta des projets de

La Danse (première version), 1931–1932
Huile sur toile (trois panneaux),
340 × 387 cm, 355 × 498 cm,
333 × 391 cm
Paris, Musée d'art moderne de la Ville
de Paris

Nu féminin dans l'atelier, 1935
Dessin à la plume, 45 × 56 cm
Etats-Unis, collection particulière

tapisseries ainsi que des illustrations de livres et orna notamment d'eaux-fortes – avec des scènes de *L'Odyssée* – l'ouvrage de James Joyce, *Ulysses*.

Bien que Matisse ait accordé, sa vie durant, une grande place au dessin, celui-ci revêtit après 1930 une importance particulière avec la recherche de «l'économie de moyens». Tandis que les *Notes d'un peintre*, essai qui annonçait son programme, parut dès 1908, le texte théorique essentiel *Notes d'un peintre sur le dessin*, émanant d'une période de création ultérieure, ne fut publié qu'en 1939. Après 1930, furent réalisés principalement des «dessins au trait», exécutés de préférence au crayon ou à la plume en raison de leur netteté et de leur finesse. Comme disait Matisse, les feuilles gravées ou dessinées au trait, «je les ai faites après des centaines de dessins, après l'essai, la connaissance, la définition de la forme et, alors, je les ai faites les yeux fermés.»

Le *Nu féminin dans l'atelier* (pl. p. 70) dépasse le cadre de la feuille tout entière emplie par le dessin sans bordure. Soulignant à la fois l'aspect contracté et offert du corps souplement étendu, le trait fuyant en décrit la volupté. Le corps de la femme est d'autant mieux mis en valeur que des motifs géométriques et floraux ornent les extrémités de la feuille. La réduction de la composition à la ligne exclut tout modelé en relief. Le trait, toujours appuyé de façon égale et qui semble aisément posé, partage et subdivise la feuille, répondant ainsi à l'exigence de Matisse: «Un bon dessin doit être comme une corbeille (ou un panier) d'osier – (j'aime mieux panier parce qu'il représente une surface plus grande à l'esprit) dont on ne peut enlever un brin sans faire un trou.»

L'érotisme, qui réapparut après 1930 avec *La Danse*, devint également le motif essentiel de ses travaux ultérieurs. L'identification amoureuse – au sens platonique – du peintre et de son modèle est pour Matisse une condition première de son travail: «Le rapport, c'est la parenté entre les choses, c'est le langage commun; le rapport, c'est l'amour, oui, l'amour.» A la différence de

Le Nu rose, 1935
Huile sur toile, 66 × 92 cm
Baltimore, Baltimore Museum of Art,
Cone Collection

La Chevelure, 1932
Illustration pour *Poésies* de Stéphane
Mallarmé
Eau-forte

La Dame en bleu, 1937
Huile sur toile, 93 × 73,6 cm
Philadelphie, collection Mrs. John
Wintersteen

Picasso, l'amour n'est pas pour lui lié à la puissance sexuelle,
mais il est signification d'un sentiment intériorisé qui lui fait
entrevoir le monde d'une manière positive.

La plupart des compositions importantes des années 1935 et
1936 sont des nus. En 1935 Lydia Delektorskaya, qui fut son
assistante lorsqu'il fit ses papiers découpés, lui servit de modèle
pour *Le Nu rose* (pl. p. 71). Celui-ci, malgré des proportions plutôt
réduites, donne l'impression de monumentalité: en effet, bien que
repliés, bras et jambes n'en sont pas moins coupés par le bord de
la toile. Comme pour *La Danse* de Merion, c'est à l'imagination du
spectateur d'aller au-delà des limites du tableau. Le peintre,
réalisant en quelque sorte un gros plan, s'est approché très près
du modèle. Le décor n'est plus qu'une paroi derrière le nu. Tout
point de repère d'une perspective a disparu. L'arrière-plan s'est
fait motif et le personnage symbole du corps humain. Par les
dimensions exagérées des bras et des jambes, par la position
frontale de la tête et l'esquisse des deux seins, le nu offre un
maximum de clarté. L'équilibre entre formes organiques ou
géométriques, surfaces plates ou structurées, lignes courbes ou
droites, tons chauds ou froids se compose d'une extrême
simplicité. D'une texture sèche et mate, la couleur s'allie
fermement au fond du tableau et rappelle ainsi les fresques d'un
mur crépi. Matisse lui-même parle de la «belle matité» qui est
une des qualités principales de la peinture murale.

Lorsqu'il réalisa les tableaux qui suivirent, après 1937, comme
La Dame en bleu (pl. p. 73), Matisse ressentit une sorte de
déséquilibre; voici ce qu'il écrivit au peintre Pierre Bonnard: «J'ai
le dessin qui me convient car il rend ce que je sens de particulier.
Mais j'ai une peinture bridée par des conventions nouvelles
d'aplats par lesquels je dois m'exprimer entièrement, de tons
locaux exclusivement sans ombres, sans modelés, qui doivent
réagir les uns sur les autres pour suggérer la lumière, l'espace
spirituel. Ça ne va guère avec ma spontanéité qui me fait
balancer en une minute un long travail.»

La Dame en bleu est caractérisée par l'exactitude du dessin.
De fines lignes blanches sont comme incisées dans la couleur
tandis que des lignes sombres sont tracées au pinceau fin ou au
crayon gras. Sans donner de relief, elles précisent le contour de
larges surfaces plates. La femme en longue robe bleue ornée de
ruches blanches est assise sur un fauteuil ou un canapé dont les
accoudoirs apparaissent galbés en forme de col de cygne. Il est
ici difficile de savoir si la surface noire aux carreaux de
diagonales blanches ne couvre que le sol ou bien également une
partie du siège. L'aspect plat de la composition ne permet plus
de percevoir clairement l'espace; et les dessins accrochés au
mur rouge soulignent l'importance de ce moyen pour le tableau.
La netteté de l'image est rendue par la qualité des tons francs du
jaune, du rouge, du bleu, du noir et du blanc. Toutefois la couleur

Nu agenouillé devant un miroir, 1937
Dessin à la plume
Paris, collection particulière

ne semble pas suffisamment soutenue pour concurrencer le dessin. Par son rôle secondaire, elle donne presque l'impression d'une surface multicolore.

Dans le tableau *La Musique* (pl. p. 75) l'équilibre entre la couleur et le dessin est davantage réalisé. Ce thème des deux femmes assises n'est pas inhabituel à la fin des années trente. Mais chez Matisse, la nouveauté réside dans le format carré qui exclut toute extension de l'image. Verticales et horizontales s'équilibrent dans l'harmonie paisible de la composition. Au décor luxuriant de l'intérieur répondent des personnages dont les membres démesurés confèrent à leurs gestes un aspect d'affectation. Avant la présentation de *La Musique*, le même thème avait été traité par l'artiste en 1938 pour la décoration d'une cheminée chez Nelson A. Rockefeller; la réalisation de l'ouvrage avait exigé encore davantage de rigueur.

Pour *Intérieur au vase étrusque* (pl. p. 76) le style décoratif se fait plus intime. La couleur est moins unie et les formes sont adoucies. Dans la pièce assombrie, parmi le décor foisonnant de plantes à l'abondant feuillage, le personnage de la jeune fille occupée à lire est éclairé par la lumière vive de la fenêtre qui constitue une ouverture dans le mur du fond; celui-ci est orné de dessins qui toutefois ne sont plus, comme pour *La Dame en bleu*, destinés à la composition du tableau. D'intensité différente, les lignes commencent à redonner du relief; plus souples, elles permettent à la couleur de mieux s'étaler. Aux teintes pures s'opposent des tons plus nuancés qui favorisent l'atmosphère d'intimité.

Matisse fut toujours conscient du fait qu'entre chaque élément du tableau devait subsister une tension suffisamment grande. Dans la *Nature morte aux huîtres* (pl. p. 77) il introduit ce moment de conflit en tournant la table de telle manière que son plateau apparaît en diagonale, comme s'il était vu en plan. Les lignes parallèles de la nappe accroissent encore l'effet de ces diagonales. Ayant opposé celles-ci au rectangle de la toile du tableau, Matisse répartit sur un plan horizontal les différents éléments qui composent la nature morte: serviette, assiette, huîtres, citrons, verdure, cruche et couteau. Si les lignes de la serviette suivent les diagonales de la nappe, les bandes rouges, tout comme la division du couteau sont placés dans un autre axe; mais en même temps, serviette et couteau restent intégrés à la surface horizontale de la nature morte. La position en diagonale du plateau de la table agrandit l'image au-delà des limites de la toile.

La tendance à l'élargissement de la surface du tableau est également sensible avec *La Blouse roumaine* (pl. p. 66) présentant une femme vue de trois quarts et dont la tête est coupée au bord supérieur de la toile. Comme sous l'impulsion d'une force centrifuge, les lignes de contour de la blouse blanche décrivent

de larges demi-cercles jusqu'aux limites de la composition. Ordonnés sans centre de gravité, les motifs ornementaux de la blouse sont esquissés souplement autour du milieu de l'image qui reste vide. Semblable à un bourgeon, la tête de la femme est d'autant mieux mise en valeur au-dessus de l'étoffe dégarnie. Malgré sa luminosité, le coloris reste tout aussi plat que le dessin;

La Musique, 1939
Huile sur toile, 115,1 × 115,1 cm
Buffalo, Albright-Knox Art Gallery

Intérieur au vase étrusque, 1940
Huile sur toile, 74 × 108 cm
Cleveland, Cleveland Museum of Art

et tandis que celui-ci élargit la composition, la couleur a tendance à la réduire. Pour d'autres tableaux, *Le Rêve* et *Dormeuse*, peints en automne de l'année 1940, Matisse choisit également la blouse roumaine comme thème principal. Ils ont en commun leur expression chargée d'affectivité qui rappelle certaines madones des premiers temps de la Renaissance italienne.

Bien que par leur simplicité harmonieuse la signification des tableaux soit claire, ils n'en sont pas moins le fruit d'un long travail. Ainsi Matisse mit-il toute une année à composer *Le Rêve* (pl. p. 2). Telle une arabesque, l'étoffe de la blouse roumaine recouvre la femme et, prenant une forme quasi abstraite, enserre la tête et les mains. Quant aux trois lignes ondulées qui décrivent la chevelure, elles peuvent être aussi considérées comme une partie de l'ornementation de la blouse. L'attitude du bras droit, trop étiré pour être naturel, donne l'esquisse d'un voile enveloppant et devient le signe du sommeil paisible. La confrontation des teintes d'ocre, de rose, de violet et de rouge qui composent la

palette, ainsi que l'enchevêtrement des surfaces, ne nuisent pas à cette impression de calme.

Malgré les soucis qui accablèrent l'artiste pendant la Seconde Guerre mondiale, ses tableaux sont toujours imprégnés de la même force paisible et réconfortante de l'art. Bien qu'il fût en possession d'un visa pour le Brésil, il décida de rester en France après l'invasion des troupes allemandes en mai 1940. Voici ce qu'il écrivait depuis Nice à son fils Pierre, qui avait entre temps acheté une galerie à New York: «Peut-être qu'ailleurs je serais mieux, plus libre, moins écrasé. [...]»

Nature morte aux huîtres, 1940
Huile sur toile, 65 × 81 cm
Bâle, Kunstmuseum

Une seconde vie – les œuvres de la grâce 1941-1954

A partir de 1941, une «seconde vie» fut offerte à Matisse. Ses douleurs intestinales ayant empiré ne le laissaient plus travailler paisiblement. Aussi sa fille Marguerite Duthuit et Camoin l'incitèrent-ils à se faire soigner. Il fut transféré à Lyon et opéré par le professeur Leriche. Il resta presque trois mois en clinique, puis deux mois à l'hôtel en raison d'une grippe; qu'il survécût à l'opération qui lui préleva une tumeur cancéreuse de l'intestin puis à deux embolies pulmonaires successives tient presque du miracle.

A son retour Matisse habita de nouveau l'hôtel Regina sur les hauteurs de Cimiez, où il s'était rendu à la fin de l'année 1938 sur les conseils de son médecin qui lui avait recommandé de s'éloigner de l'air de la mer. Après une attaque aérienne sur Cimiez, il se retira en 1943 à Vence, dans la villa Le Rêve. De 1941 à 1944 il fut souvent alité; en outre, une hernie l'obligeait à porter une ceinture qui l'empêchait de rester longtemps debout. En raison de son état de santé certainement, il ne fit à cette période que des travaux de petit format et des illustrations de livres. Qu'il s'agisse du *Florilège des Amours* de Pierre de Ronsard, de *Pasiphaé* d'Henry de Montherlant ou des *Poèmes* de Charles d'Orléans, la page illustrée doit toujours correspondre à la page écrite.

Dès 1939, Matisse était souvent allé chez l'éditeur grec Emmanuel Tériade – qui faisait paraître la revue *Verve* – et dans la salle de rédaction, à partir de feuilles de catalogues, il avait découpé différentes sortes de caractères d'imprimerie qu'il assembla pour la couverture du numéro VIII de la revue. De ces papiers découpés, Tériade souhaitait faire un livre, mais il attendit 1943 pour faire part de son intention à Matisse. Et dès 1944, vingt illustrations furent prêtes pour le livre, qui devait s'intituler *Jazz*. L'encre d'imprimerie fut remplacée par de la gouache étalée sur les feuilles à découper. En raison de la difficulté à reproduire exactement ces compositions, le livre ne parut qu'en 1947.

L'on comprendra le choix du titre *Jazz* (pl. p. 80), si l'on se réfère non pas au contenu mais à la forme de la représentation. Matisse

Nature morte aux fruits et au vase chinois, 1941
Plume, 52 × 40 cm
Paris, Musée national d'art moderne, Centre Georges Pompidou

Nu bleu IV, 1952
Gouache découpée, 103 × 74 cm
Nice, Musée Henri Matisse, don de Jean Matisse

Icare, 1943, publié en 1947
Illustration pour le livre *Jazz*
Sérigraphie d'après gouache découpée,
40,5 × 27 cm environ
Collection particulière

Le Cirque, 1947
Illustration pour le livre *Jazz*
Sérigraphie d'après gouache découpée

déclarait au frère Rayssiguier le 4 décembre 1947: «Il y a d'excellentes choses dans le vrai Jazz: ce don d'improvisation, de vie, d'accord avec l'auditoire [...]». Le livre est presque fait d'un art naïf, populaire et spontané dont les origines seraient les contes populaires et les représentations de cirque mais aussi les souvenirs de voyage. Tandis que pour les compositions inspirées du monde du cirque, les formes sont souvent anguleuses, celles du *Lagon* semblent se liquéfier. Dans *Icare* les étoiles deviennent des algues.

Avec les grandes compositions telles que *Polynésie: le ciel* et *Polynésie: la mer* (pl. p. 81), Matisse put développer les créations qu'il avait faites en petit format pour le livre *Jazz*. En 1946, les papiers découpés servirent de projets pour des décorations de tapisseries qui furent tissées par la manufacture des Gobelins à Beauvais. Sur un fond traité en surfaces bleu clair et bleu foncé apparaissent bientôt, comme arrachées d'un trait, des formes aux significations multiples, sinueuses ou en arabesques et qui toutes sont blanches. Ciel et mer semblent se confondre tandis que plantes, oiseaux et poissons évoluent pêle-mêle.

Malgré la triste réalité des années de guerre qui l'accablait, Matisse continuait de créer avec la même sérénité. En 1944, il écrivait à Marquet d'un ton étonnamment calme: «Toute ma famille est en bonne santé. J'ai reçu aujourd'hui un câble de New York: enfants et petits-enfants vont bien. Cependant au mois d'avril Madame Matisse et Marguerite ont été arrêtées par la Gestapo. Madame Matisse est restée à Fresnes pendant trois mois et alors a été condamnée à trois mois de prison qui se sont ajoutés à sa détention. Elle les a supportés courageusement. Marguerite a été au secret jusqu'au mois d'août à Rennes et dirigée sur Belfort d'où elle est partie après quelques semaines dans la montagne. Elle est revenue à Paris, où elle est chez elle, il y a deux semaines. Je suppose qu'elle n'est que très fatiguée, car on ne m'a pas dit autre chose pour me ménager, je suppose. Le docteur a dit que c'était miracle qu'elle en soit sortie ainsi. C'est tout.»

L'état de santé de Matisse s'était si bien amélioré qu'il reprit même la peinture à l'huile. En 1944, un diplomate argentin du nom d'Enchorrena, résidant à Paris, lui demanda de réaliser une porte à deux battants séparant sa chambre à coucher de sa salle de bains. Après qu'il eut choisi la scène idyllique de la nymphe épiée dans son sommeil par un faune, Matisse ne fut satisfait ni par le thème ni par la composition. Ce travail le tourmentait à ce point qu'il n'avançait plus. Mais devant l'insistance du commanditaire, il recommença, changea de sujet et obtint le résultat escompté. Le thème mythologique de *Jupiter et Léda* (pl. p. 82) est ici dépouillé de toute narration. Jupiter qui, selon le mythe, s'accoupla à Léda sous la forme d'un cygne se profile au plan supérieur du tableau. Ployant, telle une arabesque, son long cou au-dessus d'un espace noir, il atteint la tête de Léda qui se détourne. Quelques traits rendent monumentales et massives les

Polynésie, la mer, 1946
Gouache découpée, 200 × 314 cm
Paris, Musée national d'art moderne,
Centre Georges Pompidou

proportions du nu féminin dont le modelé précisément clair et réduit laisse transparaître toute la valeur héroïque et la noblesse du mythe. Les surfaces rouges sur lesquelles s'inscrivent des feuilles simplement esquissées semblent s'ouvrir sur la composition qu'elles encadrent à droite et à gauche.

La couleur atteint à nouveau un haut degré d'intensité dans toute une série d'intérieurs datant des années 1946 et 1948: *Intérieur rouge, nature morte sur table bleue, Grand Intérieur rouge* et *Le Rideau égyptien*. Ces œuvres ont en commun de nombreux contrastes: représentations d'intérieur et d'extérieur, tons clairs et foncés, natures mortes et paysages, tracé rectiligne et courbe, dépouillement et exubérance. Matisse réussit à introduire sur un même plan tous les éléments du tableau de façon naturelle et à réaliser l'équilibre absolu entre dessin et couleur.

Comme pour les autres intérieurs, le sujet d'*Intérieur rouge, nature morte sur table bleue* (pl. p. 84), quasiment familier, ne comporte aucune particularité susceptible d'éveiller l'attention. Le cadre est une chambre ornée d'un médaillon au mur. Près de la porte ouverte de la véranda donnant sur le jardin, on a placé une table ronde sur laquelle sont posés des fruits et un vase de fleurs. C'est par le décor et le coloris que le tableau acquiert toute l'intensité de son rayonnement. Judicieusement, le peintre s'est ici limité à quelques tons: jaune, rouge, bleu et vert. De l'avis de Matisse en effet, une «avalanche» de couleurs reste sans effet, et la couleur n'atteint sa véritable force d'expression qu'organisée et en accord avec le degré d'intensité de l'émotion du peintre. Ce lien émotionnel s'impose de lui-même pour les représentations d'intérieur. Pour décorer les murs et le sol rouges, Matisse a choisi des lignes noires en zigzag, destinées à animer les surfaces comme à créer la notion d'espace, et qui font reculer le rouge au même plan que les autres couleurs. A l'impression d'espace que donnent ces motifs noirs se substituent toutefois les surfaces colorées du tableau. Tous les objets semblent immatériels. C'est comme si Matisse s'était, pour ses œuvres picturales, inspiré de ses compositions de gouaches découpées. La répartition harmonieuse des teintes lumineuses confère au tableau sérénité et véritable joie de vivre.

Placés l'un à côté de l'autre au mur du *Grand Intérieur rouge* (pl. p. 85), une toile et un dessin au lavis, représentant chacun un intérieur, témoignent de la maîtrise parfaite des deux formes d'expression. En souple alternance, couleurs et lignes couvrent le fond rouge. Parallèlement à ses œuvres ultérieures Matisse créa une série de dessins au lavis correspondant aux tableaux du même nom.

Le Rideau égyptien (pl. p. 86) est la dernière toile importante de l'artiste qui, avec la fenêtre, reprend l'un de ses thèmes favoris. Derrière la croisée, la cime d'un palmier éclate telle un

Jupiter et Léda, 1944–1946
Huile sur panneau (triptyque),
183 × 157 cm
Paris, collection particulière

Pages 84 et 85:
Intérieur rouge, Nature morte sur table bleue, 1947
Huile sur toile, 116 × 89 cm
Düsseldorf, Kunstsammlung Nordrhein-Westfalen

Grand Intérieur rouge, 1948
Huile sur toile, 146 × 97 cm
Paris, Musée national d'art moderne,
Centre Georges Pompidou

feu d'artifice. Sous la fenêtre, est composée, sur une petite table, une nature morte de fruits, thème également souvent traité par le peintre. Mais, ainsi qu'en témoigne *Le Rideau égyptien*, le titre du tableau est dû à l'admiration de Matisse pour les étoffes chargées de motifs. Comme pour d'autres œuvres précédentes, il est fait une large utilisation de la couleur noire non pas pour assombrir mais pour éclairer. La lumière n'est pas absorbée par le noir qui au contraire la réfléchit. Et en même temps, l'intensité de la luminosité des autres couleurs s'en trouve accrue. Le fond clair de la toile qui transparaît à certains endroits ou qui n'est pas recouvert est partie intégrante de la composition, d'où un rapport étroit du fond au motif. L'alternance continue des formes négative et positive crée l'enchaînement aisé de la profondeur d'espace et des surfaces.

Vue de l'intérieur de la chapelle du Rosaire à Vence, 1950
A gauche: l'arbre de Vie, vitrail
A droite: saint Dominique, céramique

Le Rideau égyptien, 1948
Huile sur toile, 116,2 × 88,9 cm
Washington, D.C., The Phillips Collection

Plusieurs années durant, Matisse se consacra presque exclusivement à un seul travail: celui qu'il avait accepté à la chapelle du Rosaire de Vence (pl. p. 87) en raison de son amitié pour la Sœur Monique Bourgeois qui fut son infirmière à Nice en 1942–1943. Elle avait également participé à l'élaboration des papiers découpés et à la création de *Jazz*. Comme Sœur Jacques-Marie, elle revint en 1946 à Vence au Foyer Lacordaire, dirigé par des dominicaines, et reprit contact avec Matisse. Lorsqu'elle émit le projet de faire poser des vitraux au bâtiment qui servait de chapelle aux sœurs, elle lui demanda conseil: son entrain fut communicatif et Matisse décida d'exécuter lui-même les vitraux, d'en concevoir la mise en place et de construire l'édifice les abritant. Pour lui, dès le début, il était évident que la lumière devait jouer un rôle important. Sous la forme du chemin de croix et du vitrail, il devait y avoir confrontation du dessin et de la couleur. Il proposa d'exécuter en terre cuite le chemin de croix, dessiné au trait; à propos des vitraux, il déclara en feuilletant *Jazz*: «Cela, ce sont des couleurs de vitrail. Je coupe ces papiers gouachés comme on coupe du verre, seulement là elles sont disposées pour réfléchir la lumière, tandis que pour le vitrail il faudrait les disposer pour que la lumière les traverse.»

En raison du travail qu'il devait accomplir pour les vitraux, par lesquels il commença mais qu'il acheva en dernier, Matisse se mit à l'œuvre avec enthousiasme. Les dessins préparatoires furent réalisés à partir de gouaches découpées et une longue réflexion précéda le choix du thème, extrait de l'Apocalypse: «au milieu de

Composition (Les Velours), 1947
Gouache découpée, 51,5 × 217,5 cm
Bâle, Kunstmuseum

la place, de part et d'autre du fleuve, il y a des arbres de Vie qui fructifient douze fois, une fois chaque mois; et leurs feuilles peuvent guérir les païens.» Il est ici fait allusion à l'arbre de Vie, symbole de l'Age d'or. Le vitrail se compose de deux parties, longues et étroites, terminées en arrondi et formant comme une arcature. Les feuilles en forme de palettes de l'arbre de Vie sont agencées de telle manière qu'elles semblent provenir de la mince paroi divisant les arcades et faisant office de tige. Les fleurs d'ornement qui évoluent en alternance en haut et en bas forment des vagues horizontales continues, symbole d'éternité, tantôt jaunes, tantôt bleues. Près de la fenêtre, à côté de l'autel, l'on remarque une décoration ayant l'aspect de philodendrons d'un jaune éblouissant, répartis sur un fond bleu et vert. Ne couvrant pas toute la surface, le motif de l'arbre de Vie semble retenu sous les arcs, comme s'il était représenté sur un tissu souplement fixé aux coins. Le vitrail ressemble ainsi à une étoffe tendue devant la fenêtre.

Telle une calligraphie, l'ornementation des autres murs est traitée en noir et blanc. Sur trois panneaux de céramique, constitués de grands carreaux blancs émaillés et de fins dessins au pinceau noir, sont figurés le chemin de croix, la Vierge Marie et l'Enfant ainsi que saint Dominique. La composition est ici réduite au minimum, c'est-à-dire au dessin. Marie qu'accompagne l'inscription «Ave» est une fleur parmi les autres. Les plis rigides de son vêtement font apparaître saint Dominique, fondateur de l'ordre, tel un tronc d'arbre, d'où émerge son bras droit tenant un

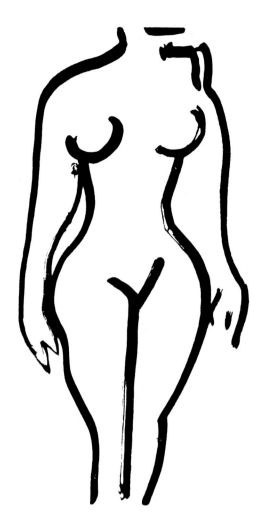

Grand Nu, 1951
Pinceau et encre de Chine

Zulma, 1949
Gouache découpée, 238 × 130 cm
Copenhague, Statens Museum for Kunst

livre. Tandis que la représentation de Marie et de Dominique est plutôt statique, le chemin de croix révèle une dynamique plus forte. Ce fut pour Matisse le panneau le plus difficile car son contenu allait à l'encontre de sa propre conception de la vie. Après quatre années de travail, la chapelle fut inaugurée le 25 juin 1951 par l'évêque de Nice. Elle prend une place importante dans l'évolution de l'œuvre du peintre qui la désignait comme «l'image d'un grand livre ouvert».

Lors de ses visites à Paris, Matisse ne put échapper à la violente polémique qui s'était déchaînée au sujet d'un art figuratif ou non, après la Seconde Guerre mondiale. Il sentait qu'il lui restait peu de temps pour accomplir son œuvre et s'il craignait quelque irritation, il ne s'opposait cependant pas aux théories de l'abstraction qui prévalaient ces années-là. En 1947, il écrivait ceci: «Je suis depuis mon retour de Paris dans une sorte de crise de conscience et il se pourrait qu'un grand chambardement de mon travail arrive. Je vois la nécessité de m'éloigner de toutes contraintes, de toutes idées théoriques pour me livrer à fond et complètement, en me plaçant hors du moment, de cette mode de distinction du figuratif et du non figuratif.» Matisse trouva pour lui la synthèse qui peut caractériser l'œuvre des dernières années: «abstraction sur racine de réalité».

Au cours des trois années qui lui restaient après l'inauguration de la chapelle du Rosaire, il travailla de façon absolue, abstraite et créa les grands papiers découpés. Une composition analogue à *L'Etoffe de velours* (pl. p. 88–89) présentant une juxtaposition de rectangles avait déjà été réalisée dans *Polynésie: la mer*. En assouplissant le rapport du fond à la forme, le schéma du quadrillage n'apparaît plus aussi rigide. Dans *Polynésie*, les motifs végétaux et animaliers rompent avec les caractéristiques de leur espèce, outrepassent les limites et témoignent de la prédominance de l'organique sur le mécanique. Si la séparation des plans figure-fond n'existe plus, elle subsiste cependant davantage pour la figure humaine. *Zulma* (pl. p. 91) est construite comme un tableau et conserve encore des éléments de perspective. Le *Nu bleu* (pl. p. 78), qui se détache également sur un fond blanc, observe scrupuleusement la position spatiale des membres. Il donne l'impression d'être sculpté dans une étoffe impalpable et sa plasticité s'allie à une précision décorative en surface. Il apparaît ici dégagé de tout décor. Matisse ne trouva de solution définitive qu'après des semaines d'essais. Avec les papiers découpés aux motifs de végétaux, sa conception du décoratif était enfin pleinement exprimée.

D'une composition rigide et stylisée, la *Rose Rockefeller*, dernière œuvre de Matisse, révèle les tensions de l'épuisement. Il avait fait déposer le 15 octobre 1954 sur le sol la *Rose* destinée à la chapelle de Madame Nelson Rockefeller et y travailla jusqu'à sa mort. Le 3 novembre Matisse meurt d'une crise cardiaque.

Henri Matisse 1869-1954:
vie et œuvre

1869 Henri-Emile-Benoît Matisse naît le 31 décembre au Cateau-Cambrésis (département du Nord) dans la ferme de ses grands-parents. Ses parents, Emile Matisse et Héloïse Gérard, étaient négociants en grain et tenaient une épicerie à Bohain-en-Vermandois (Aisne). C'est là que grandit Henri.

1872 Naissance de son frère Emile-Auguste

1882-1887 Etudes au lycée de Saint-Quentin

1887-1888 Etudes de droit à Paris où il passe sa capacité

1889 Clerc d'avoué à Saint-Quentin, il suit, tôt le matin, les cours de dessin de l'Ecole Quentin de La Tour.

1890 Après une appendicite qui le cloue au lit une année, il commence à peindre pour se distraire.

1891 Il abandonne le droit pour se consacrer à la peinture. Il s'inscrit à l'Académie Julian de Paris et prépare l'examen d'entrée de l'Ecole des Beaux-Arts.

1892 Il quitte l'Académie Julian et fréquente les cours du soir à l'Ecole des Arts décoratifs, où il se lie d'amitié avec Marquet. Il commence à copier, au Louvre, entre autres, les œuvres de Poussin, Raphaël, Chardin, David.

1893 Il travaille (officieusement) à l'atelier de Gustave Moreau à l'Ecole des Beaux-Arts. Il y rencontre Rouault, Camoin et Manguin.

1894 Naissance de sa fille Marguerite dont il n'épousera la mère Amélie Parayre qu'en 1898.

1895 Il s'installe au 19, quai Saint-Michel. Il devient officiellement l'élève de Moreau à l'Ecole des Beaux-Arts. Il commence à peindre sur le motif et en été il voyage en Bretagne. Il copie beaucoup au Louvre.

1896 Il expose quatre tableaux au Salon de la Société nationale et en vend deux. En été, il rencontre en Bretagne le peintre Russel qui lui montre des œuvres de Van Gogh.

Matisse travaillant à «Nature morte à La Danse» (pl. p. 32) dans son atelier d'Issy-les-Moulineaux, 1909

Autoportrait, 1906
Huile sur toile, 55 × 46 cm
Copenhague, Statens Museum for Kunst

De gauche à droite: Hans Purrmann, Albert Weisgerber et Henri Matisse, Münchner Löwenbräu, Munich, 1910

Matisse lors d'une promenade avec ses enfants Marguerite, Pierre et Jean (de gauche à droite), à Clamart prés de Paris, vers 1910

Autoportrait, 1918
Huile sur toile, 65 × 54 cm
Le Cateau, Musée Henri Matisse

Le «salon Matisse» de la demeure moscovite du collectionneur russe S. Chtchoukine. Chtchoukine, qui commanda à Matisse, entre autres, «La Danse» (pl. p. 30–31) et «La Musique» (pl. p. 29), ne possédait pas moins de 37 œuvres importantes de l'artiste. On en distingue une dizaine sur cette photo.

1897 Il découvre les impressionnistes au Musée du Luxembourg. Nouveau voyage en Bretagne. Il expose *La Table servie* (pl. p. 8), ce qui lui vaut des critiques.

1898 Il épouse Amélie Parayre de Toulouse et part en voyage de noces à Londres où, sur les conseils de Pissarro, il étudie les tableaux de Turner. Il passe six mois en Corse; il se rend également à Toulouse et à Fenouillet.

1899 Après la mort de Moreau, il quitte l'Ecole des Beaux-Arts, en raison d'un différend avec son successeur Cormon. Naissance de son fils Jean. Etudie avec Derain à l'Académie Carrière. Il suit les cours du soir de sculpture. Avec Marquet, il peint sur le motif au Jardin du Luxembourg, à Arcueil et au quai Saint-Michel. Il achète à Vollard une toile de Cézanne.

1900 Naissance de son fils Pierre. Difficultés financières. Avec Marquet, il peint des décors au Grand Palais à l'occasion de l'Exposition universelle. Madame Matisse ouvre un magasin de modiste.

1901 Il effectue un séjour de convalescence en Suisse après une bronchite. Il expose au Salon des Indépendants présidé par Paul Signac. Lors de la rétrospective Van Gogh, Derain lui fait connaître Vlaminck.

1902 Les difficultés matérielles l'obligent à passer avec sa famille l'hiver à Bohain chez ses parents. Avec d'anciens élèves de l'atelier Moreau, il expose à Paris chez Berthe Weill.

1903 Avec des amis tels que Rouault et Derain, il expose au premier Salon d'automne. Il voit l'exposition d'art islamique. Premières gravures à l'eau-forte.

1904 Première exposition particulière chez Ambroise Vollard. Il passe l'été à Saint-Tropez avec Signac. Il expérimente la technique néo-impressionniste. Treize toiles au Salon d'automne.

1905 Signac achète *Luxe, calme et volupté* (pl. p. 10). Il passe l'été à Collioure avec Derain. Il voit des toiles de Gauguin. Il expose entre autres avec Derain, Marquet, Vlaminck et Rouault au Salon d'automne et provoque l'indignation. Le groupe est surnommé, non sans ironie, «les Fauves». *La Femme au chapeau* (pl. p. 15) en particulier fait scandale; le tableau est acheté par la famille Stein. Matisse loue un atelier rue de Sèvres. Il peint *Portrait de Madame Matisse*, dit *La Raie verte* (pl. p. 16).

1906 Leo Stein achète *La Joie de vivre* (pl. p. 20). Voyage en Algérie, à Biskra, (v. pl. p. 21). Il passe l'été à Collioure. Chez les Stein il rencontre Picasso et lui montre une sculpture nègre. Il exécute ses premières lithographies et gravures.

1907 Il visite Padoue, Florence, Arezzo et Sienne. Il échange des tableaux avec Picasso. Il expose *Luxe I* (pl. p. 25) au Salon d'automne. Des admirateurs, parmi lesquels les peintres Hans Purrmann et Oskar Moll ainsi que Sarah Stein, fondent une école où il enseigne.

1908 Transfert de l'école au boulevard des Invalides. Voyage en Bavière pendant l'été. Premières expositions à New York, Moscou et Berlin. Il peint *La Desserte rouge* (pl. p. 27).

1909 Chtchoukine, marchand moscovite, commande à Matisse *La Danse* et *La Musique* (pl. p. 30–31 et p. 29). Eté à Cavalière. Il quitte Paris et achète une maison à Issy-les-Moulineaux; il y fait construire un atelier. Il visite Berlin.

1910 Grande rétrospective à la Galerie Bernheim-Jeune, à Paris. *La Danse* et *La Musique* sont exposés au Salon d'automne. Avec Marquet il visite l'exposition d'art musulman de Munich. Il voyage en Espagne à l'automne.

1911 Il peint à Séville, puis à Issy et à Collioure. En novembre, séjour à Moscou chez Chtchoukine; il étudie les icônes. Il passe l'hiver au Maroc.

1912 Hiver au Maroc. Printemps à Issy. Le collectionneur russe Morosov commence à lui acheter des tableaux. En hiver, il effectue un deuxième voyage à Tanger avec Marquet.

Matisse chez Etta Cone à Baltimore, décembre 1930

Matisse en 1930

Matisse travaillant à «Nymphe dans la forêt» (Nice, Musée Matisse), vers 1936

1913 Au printemps, il rentre de Tanger. Exposition de peintures du Maroc à Paris. Il participe à l'Armory Show de New York et à l'exposition de la «Sécession» à Berlin. Il se réinstalle en automne dans son atelier du quai Saint-Michel à Paris.

1914 Il expose à Berlin; lorsque la guerre éclate, les tableaux sont confisqués. Malgré sa demande, il n'est pas mobilisé. Il passe l'été à Collioure avec sa famille et Marquet. Il y rencontre Juan Gris. Il peint *Notre-Dame* et *Porte-Fenêtre à Collioure* (pl. p. 45 et 47).

1915 Il expose à New York. Il peint à Paris et à Issy. Il a pour modèle l'Italienne Laurette (v. pl. p. 52–53). Il visite Arcachon près de Bordeaux.

1916 Il peint à Paris et à Issy. Il passe son premier hiver à Nice à l'hôtel Beau-Rivage.

1917 Il passe l'été à Issy, l'automne à Paris et l'hiver à Nice. Il rend visite à Renoir à Cagnes.

1918 Il expose avec Picasso. Il loue une villa à Nice. Il passe l'été à Cherbourg et à Paris. En automne il rentre à Nice. Il rend visite à Bonnard à Antibes et à Renoir à Cagnes.

1919 Il expose à Paris et à Londres. Il passe l'été à Issy. Il peint *La Table Noire* (pl. p. 61) avec Antoinette pour modèle.

1920 Il crée décors et costumes pour *Le Chant du rossignol*, de Stravinsky, dansé par les Ballets russes de Diaghilev qu'il accompagne à Londres. Il passe l'été à Etretat.

1921 Eté à Etretat, automne à Nice où il loue un appartement. Il partage son temps entre Paris et Nice.

Autoportrait, 1937
Fusain sur papier, 25,5 × 20,5 cm
Collection particulière

1922 Il peint la série des Odalisques (v. pl. p. 62–63) et commence celle des lithographies.

1923 A partir des collections Chtchoukine et Morosov comprenant 48 tableaux de Matisse est créé le premier musée d'art moderne occidental de Moscou (actuellement Musée Pouchkine).

1924 Importante rétrospective à Copenhague

1925 Second voyage en Italie avec sa femme et sa fille. Il peint *Figure décorative sur fond ornemental* (pl. p. 50).

1927 Pierre Matisse organise une exposition à New York. Matisse reçoit le Grand Prix de peinture à la Carnegie International Exhibition à Pittsburgh.

1930 Voyages à New York, à San Francisco et à Tahiti. Il visite à Merion la fondation du collectionneur Barnes, qui lui commande une grande décoration.

1931–1933 Grandes rétrospectives à Berlin, Paris, Bâle, New York. Il travaille à *La Danse* (pl. p. 68–69) pour la Fondation Barnes. Il illustre de plusieurs eaux-fortes les *Poésies* de Mallarmé. Il se rend à Merion pour y installer *La Danse*. Il passe ses vacances à Venise et à Padoue.

1934–1935 A partir de cette époque, il expose plusieurs fois à la galerie de

...ils Pierre à New York. Il illustre ...ux-fortes l'*Ulysses* de Joyce. Lydia ...ektorskaya, qui deviendra sa se...étaire, pose pour *Le Nu rose* ...l. p. 71). Il effectue des projets de ...apisserie.

1936-1937 Il fait don de son musée parisien renfermant des toiles de Cézanne. Il compose pour les Ballets russes les décors et les costumes du ballet de Chostakovitch. Lors de l'exposition des Maîtres de l'art indépendant au Petit Palais, il dispose d'une salle particulière. Il peint *La Dame en bleu* (pl. p. 73).

1938 Il s'installe dans l'ancien hôtel Regina de Cimiez, près de Nice, où il restera jusqu'à sa mort.

1939 Il peint *La Musique* (pl. p. 75). Pendant l'été il travaille à Paris à l'hôtel Lutetia. Après la déclaration de guerre, il quitte Paris pour Nice.

1940 Il passe le printemps à Paris, boulevard Montparnasse. Il reçoit un visa pour le Brésil, mais reste en France. Il rentre à Nice après avoir séjourné à Bordeaux, Ciboure, Carcassonne et Marseille. Il se sépare d'Amélie. Il peint *La Blouse roumaine* (pl. p. 66) et *Le Rêve* (pl. p. 2).

1941 Il subit en janvier une grave opération intestinale puis se remet au travail avec entrain. Il retourne en mai à Nice où il travaillera souvent dans son lit et plus tard dans un fauteuil roulant.

Le peintre travaillant un modèle de plâtre, vers 1953–1954

Matisse à Vence, 1946

1942 Visite de Louis Aragon à Cimiez. Il travaille à l'illustration de livres. Echange de tableaux avec Picasso.

1943 Après une attaque aérienne sur Cimiez, il s'installe à Vence dans la villa Le Rêve jusqu'en 1948. Malgré sa mauvaise santé, il continue de travailler, notamment aux gouaches découpées pour ce qui deviendra *Jazz* (pl. p. 80).

1944 Madame Matisse est emprisonnée et sa fille Marguerite déportée pour faits de résistance.

1945 Retour à Paris en été. Une grande exposition rétrospective de ses œuvres a lieu au Salon d'automne, dans le hall d'honneur. Il expose à Londres avec Picasso.

A l'hôtel Regina de Cimiez, Nice, 1949

1946-1947 Il effectue des dessins préparatoires pour des tapisseries. Un film le montre peignant et dessinant. Illustrations de livres. Publication de *Jazz*. Matisse est nommé commandeur de la Légion d'honneur. Début de la collection d'œuvres de Matisse au Musée national d'art moderne. Il commence à travailler pour la chapelle du Rosaire à Vence.

1948 Premiers grands «papiers et gouaches découpés»; il achève provisoirement son œuvre picturale par la série des *Intérieurs* (pl. p. 84–86). Rétrospective à Philadelphie.

1949-1950 Retour à Cimiez. Pose de la première pierre à Vence. Il expose à Paris les dessins préparatoires pour Vence. Il reçoit le Grand Prix de la XIVe Biennale de Venise. Il peint *Zulma* (pl. p. 91).

1951 Souffrant d'asthme et d'angine de poitrine, il continue néanmoins de travailler à la chapelle de Vence qui sera inaugurée en juin (pl. p. 87). Rétrospective à New York au Museum of Modern Art. Il travaille aux «papiers découpés».

1952 Inauguration du Musée Matisse au Cateau-Cambrésis. Série des *Nus bleus* (pl. p. 78).

1953 Exposition de «papiers découpés» à Paris et de sculptures à Londres.

1954 Matisse meurt le 3 novembre et il est inhumé au cimetière de Cimiez.

L'une des dernières photos de Matisse

ALBUMS DE REPRODUCTIONS D'ART
édités par BENEDIKT TASCHEN

Les volumes suivants, ayant en commun la présentation et le prix, sont parus jusqu'à présent dans notre "petite série":
Arcimboldo, Bosch, Chagall, Dalí, Ernst, Gauguin, van Gogh, Hopper, Kandinsky, Klee, Lichtenstein, Matisse, Munch, Picasso, Renoir, Toulouse-Lautrec, Warhol

Vous pouvez obtenir un catalogue complet chez votre libraire ou écrivant directement aux éditions BENEDIKT TASCHEN VERLAG, Hohenzollernring 53, D-5000 Köln 1